D1747714

LES AILES
DE L'ESPOIR
AVIATION SANS FRONTIÈRES BELGIQUE
25 ANS AU SERVICE DES POPULATIONS ISOLÉES EN DÉTRESSE
PRÉFACE DE **SAR LA PRINCESSE ESMERALDA DE BELGIQUE**

TEXTE **LOUIS MARAITE**
PHOTOGRAPHIES **CHRISTOPHE SMETS**

Aux humanitaires et aux journalistes,
Aux donateurs et aux volontaires (asante sana),
À nos enfants qui rêvent d'un monde meilleur,

À la mémoire de Jean-Pierre Laubach,
À la mémoire de Léon de Villenfagne,
À la mémoire de Frans De Valck,

PAGES 2 & 3 / SOMMAIRE

PRÉFACE /	4
INTRODUCTION /	6
CHAPITRE 1 / **ASF INTERVIENT LÀ OÙ LES AUTRES NE VONT PAS**	12
CHAPITRE 2 / **ASF BELGIQUE, DANS UN CONGO EN RECONSTRUCTION**	20
CHAPITRE 3 / **TOUT COMMENCE EN 1968 AU BIAFRA !**	32
CHAPITRE 4 / **DE GRIMBERGEN À N'DJAMENA**	40
CHAPITRE 5 / **FACE À L'URGENCE**	50
CHAPITRE 6 / **QUAND ASF BELGIQUE CONFIRME SON AUTONOMIE**	60
CHAPITRE 7 / **« MA VOCATION ? PILOTE HUMANITAIRE »**	88
CHAPITRE 8 / **LA BOUGIE DE MÈRE TERESA**	104
CHAPITRE 9 / **MONIQUE DORY, NICOLE RUYSSEN ET « LEURS » COURAGEUX BÉNÉVOLES**	110
CHAPITRE 10 / **« FROM NOWHERE TO THE USA »**	118
POSTFACE /	126

« QUE S'ALLONGE JUSQU'À L'AFRIQUE LE PONT DES ARTS POUR NE PAS PERDRE LA PISTE DE CES HUMAINS PLUS QU'HUMAINS. L'AFRIQUE OÙ DEPUIS VINGT-CINQ ANS JE VAIS CHERCHER DES LEÇONS DE RIRE, DE FIDÉLITÉ, DE VAILLANCE ET DE MYSTÈRE. »

ERIK ORSENNA,
DISCOURS DE RÉCEPTION À L'ACADÉMIE FRANÇAISE,
PARIS 17 JUIN 1999

« FAIS DE TA VIE UN RÊVE,
ET D'UN RÊVE UNE RÉALITÉ. »,
ÉCRIVAIT ANTOINE DE SAINT-EXUPÉRY.

PRÉFACE

Quel enfant ou adolescent ne s'est pas imaginé un jour, seul dans son cockpit, pilotant un avion au-dessus de l'océan ou du désert, entre ciel et terre, les routes du monde s'ouvrant devant lui...

La magie, la mystique dirais-je, des aventures des pionniers de l'aviation, des Mermoz, Guillaumets ou encore Saint-Ex, cette fraternelle d'hommes d'honneur risquant leur vie pour acheminer le courrier et pour relier des continents a inspiré plusieurs générations.

Aujourd'hui, je retrouve ce souffle épique, cet enthousiasme généreux avec les membres de l'association humanitaire « Aviation sans Frontières Belgique ». Leur mission est de secourir des populations dans la détresse. Ils apportent de la nourriture, de l'aide médicale, de la solidarité et souvent le salut à des êtres humains, quels que soient leur race, leur religion, leur combat politique. Un ultime recours pour ceux qui se croyaient abandonnés de tous. Leurs interventions empreintes de danger se déroulent, la plupart du temps, dans des zones de conflits armés. Ces hommes et ces femmes d'exception agissent dans la discrétion, loin des caméras et de la notoriété. Pilotes chevronnés, mécaniciens habiles, mais aussi personnel au sol et chefs de mission, tous les maillons de la chaîne d'entraide démontrent sang-froid, compassion et dévouement. Le récit de leurs exploits est à la fois passionnant et émouvant.

Le 21e siècle a commencé de façon lugubre, sur fond de guerres, d'injustice et de pauvreté. La fracture nord-sud s'accentue, les ressources diminuent et notre planète lutte pour sa survie. À travers l'Histoire, les prises de conscience et les véritables changements sont intervenus au terme d'un long chemin tracé par quelques combattants luttant pour leurs idées. Il est encourageant de voir que l'initiative d'ASF, modeste au départ, avec quelques hommes et une infrastructure de fortune, a grandi, fait des émules et réalisé une réelle différence sur le terrain. Au service de toutes les organisations humanitaires, locales ou internationales – et souvent l'action philanthropique pêche par un excès d'agences se neutralisant entre elles –, ASF est un bel exemple de solidarité efficace.

En 25 ans, les membres d' « Aviation sans Frontières Belgique » sont intervenus en urgence là ou personne d'autre ne pouvait ou ne voulait intervenir. En parallèle de leur action humanitaire, ils développent à présent un programme de prise de conscience écologique affrontant ainsi un autre problème crucial de notre siècle dont les conséquences ont un impact particulièrement dramatique sur les populations du Tiers Monde. Les « chevaliers du ciel », n'en doutons pas, apporteront, là aussi, leur contribution à ce nouveau défi mondial.

ESMERALDA DE BELGIQUE

« LA VIE DE LA PLUPART
DES HOMMES EST UN CHEMIN MORT
ET NE MÈNE À RIEN.
MAIS D'AUTRES SAVENT,
DÈS L'ENFANCE, QU'ILS VONT VERS
UNE MER INCONNUE. »
FRANÇOIS MAURIAC, *CHEMINS DE LA MER.*

INTRODUCTION

UN SIÈCLE D'AVIATION

De toutes les inventions de l'homme, l'aviation est certainement celle qui a eu le plus de répercussions en un siècle à peine. Avant que les frères Orville et Wilbur Wright ne réalisèrent le 17 décembre 1903 le premier vol d'un *plus lourd que l'air motorisé* de l'Histoire, aux commandes de leur avion Flyer, fruit d'années de travail sans relâche et aboutissement de siècles d'expériences aéronautiques, les « seuls objets créés par l'homme qui volaient dans le ciel étaient des cerfs-volants et des ballons[1] ».

Très rapidement, la fièvre de l'aviation gagna l'Europe où les expérimentations des pionniers furent nombreuses bien que maintes fois infortunées. S'en suivirent une succession de records de distance, de courses de vitesse et d'exploits mythiques, repoussant sans cesse les frontières du possible, telles que la traversée de La Manche par le français Louis Blériot en 1909 ou celle de l'Atlantique par les britanniques John Alcock et Arthur Whitten Brown en 1919.

Dés lors, une révolution – ininterrompue à ce jour – se mit en marche, favorisant le rapprochement entre les peuples et bouleversant les échanges intercontinentaux. Il faut bien l'avouer, cette révolution se distingua en deux axes majeurs, l'un militaire et l'autre civil (et principalement commercial).

C'est lors de la guerre italo-turque que l'aviation fut utilisée pour la première fois à des fins militaires. Le 23 octobre 1911, l'italien Carlo Piazza survola les lignes adverses pour une mission de reconnaissance près de Benghazi (Lybie) et, neuf jours plus tard, la première bombe était larguée d'un avion sur une oasis occupée par l'armée turque[2]. Durant la « Der des Ders » apparurent les premiers avions de chasse pilotés par ceux qu'on appelait alors les « AS ». Parmi eux, Roland Garros, côté français, et le Baron Rouge[3], côté allemand. Dans l'entre-deux-guerres, l'aviation militaire se perfectionna, les monoplans équipés de moteurs plus puissants prirent le dessus sur les biplans. Lors de la guerre d'Espagne et de la seconde guerre mondiale, l'aviation militaire fut prédominante et les populations civiles furent, hélas, victimes de bombardements massifs.

Tous les conflits survenus ensuite – guerres de Corée, du Viêt-Nam, du Golfe, etc. – ont vu l'aviation militaire jouer un rôle de plus en plus prépondérant. D'abord propulsés par le moteur à explosion entraînant une hélice, les avions militaires ont utilisé le moteur à réaction dès la fin de la seconde guerre mondiale. Les deux blocs intensifièrent, dans le contexte tendu de la guerre froide, les recherches aboutissant à l'émergence de nouvelles technologies toujours plus performantes. C'était l'époque glorieuse des pilotes d'essai qui, aux commandes de leurs machines, passèrent le mur du son avant de participer à la conquête de l'espace[4].

Ces innovations bénéficièrent heureusement aussi à l'aviation civile[5]. Affrété pour la somme de cinq mille dollars, le biplan *Wright type B* assura, le 7 novembre 1910, le premier transport de fret, des rouleaux de soie, de Dayton à Columbus (États-Unis d'Amérique)[6]. Quelques années plus tard, le 8 février 1919, un avion *Farman* transporta des passagers entre Toussus-le-Noble (France) et Kenley (Grande Bretagne). Vinrent ensuite les liaisons prestigieuses dont les ouvertures marquèrent le passage de l'ère de pionniers à celle de l'ère commerciale.

Cette période fut principalement marquée par des pilotes légendaires[7], ceux de l'Aéropostale[8], dont les récits (*Courrier Sud*, *Vol de nuit* et *Terre des hommes*, etc.) relatés par l'un de ses plus illustres piliers, Antoine de Saint-Exupéry, sont devenus des références absolues de la littérature d'aventure, n'ayant de cesse de stimuler la vocation de générations successives de pilotes passionnés, tant privés que professionnels, avides d'explorations et de découvertes. Aujourd'hui, ce sont des centaines de compagnies commerciales qui assurent le trafic aérien à travers le monde. En 2006, Robert J Aaronson, alors Directeur de l'ACI[9] estimait que 4,4 milliards de passagers avaient transité par un aéroport et que le transport aérien de fret représentait, cette même année, 84,5 millions de tonnes métriques[10].

L'aviation, accomplissement d'un des plus vieux rêves de l'homme[11], n'est néanmoins jamais qu'un « moyen » dont la finalité reste guidée par ceux qui le maîtrisent. Comme il en est d'autres créations de l'homme, elle peut servir les desseins les plus abjects comme elle peut sauver des vies.

S'agissant du pire, Picasso le transposa dans sa peinture *Guernica*. Son œuvre, présentée à l'exposition universelle de Paris en 1937, dénonçait la destruction de cette ville basque par les aviateurs de la légion Condor, dépêchée par Hitler en appui aux troupes du général Franco. À l'ambassadeur nazi en fonction à Paris qui lui aurait demandé s'il en était l'auteur, Picasso aurait tout simplement rétorqué : « Non, c'est vous[12] ».

D'humanisme, l'aviation n'est pourtant pas en reste. L'aviation civile « humanitaire » est d'ailleurs certainement le pan de l'histoire de l'aviation le moins connu du grand public. Et sans aucun doute le moins médiatisé, le moins filmé, le moins photographié, le moins relaté, le moins honoré. Bref, le plus humble.

Fondée en 1928, la *Royal Flying Doctors of Australia*[13], organisme aérien offrant les premiers soins médicaux d'urgence, a encore aujourd'hui pour mission de venir en aide aux personnes qui vivent, travaillent ou voyagent dans les régions les plus isolées[14] de l'*Inland* de ce pays continent.

En 1943, trois pilotes militaires américains ressentirent la nécessité de partager leur foi dans la prière et la lecture de la Bible. De cette communion naissait deux ans plus tard l'aviation missionnaire sous l'appellation *Christian Airmen's Missionary Fellowship (CAMF)*, ensuite renommée *Mission Aviation Fellowship (MAF)*[15]. Cette organisation chrétienne dispose aujourd'hui d'une flotte d'avions qui appuient, dans les pays en développement, des organisations chrétiennes ou humanitaires dans l'accomplissement de leur mandat.

En 1957, trois chirurgiens dont Sir Michael Wood constituèrent l'*African Medical and Research Foundation (AMREF)*[16] et son *Flying Doctors Service* (service d'ambulances aériennes). L'idée était d'apporter les soins dans les zones isolées de l'Afrique de l'Est où les hôpitaux faisaient défaut. Aujourd'hui, cette organisation internationale, active dans trente pays du continent noir, a pour vocation d'améliorer la santé des populations.

Aviation sans Frontières vit le jour sur le sol français en 1980, dans la lignée idéologique des *french doctors*. En 1983 fut fondée une section belge dont le présent ouvrage retrace le récit. De vocation internationale, l'organisation se déclinera ensuite en six entités liées par une charte commune et un code de conduite. Au fil des ans, les néerlandais, les espagnols, les allemands et les britanniques rejoignirent les français et les belges. Depuis sa création, ASF est intervenue, en « urgence », dans la majorité des sanctuaires humanitaires, principalement en Afrique, mais également en Asie et en Amérique latine.

Cette liste d'organismes n'est bien évidemment pas exhaustive. Bien d'autres, tout aussi honorables, auraient droit de cité dans la longue liste des acteurs à visée philanthropique. Qu'ils soient de conviction confessionnelle ou non, leur objectif est souvent identique : venir en aide aux populations dans les recoins les plus isolés de la planète et leur apporter soins et réconfort quel que soit le contexte qui y règne.

En marge de ces initiatives, de nombreux *bush pilots*[17], aguerris aux conditions de vol particulièrement difficiles et anonymes pour la majorité d'entre eux, n'ont pas hésité, aux commandes de leur avion, à voler au secours des plus démunis, témoignant de la solidarité du monde aéronautique. Ce sont autant d'expéditions aériennes empreintes de courage et d'abnégation tombées dans les oubliettes de l'Histoire. Hommage leur est notamment rendu dans un livre de Félix Paillet[18], lui-même pilote de brousse en Afrique centrale durant la seconde moitié du XXe siècle.

SANS FRONTIÉRISME ET DROIT D'INITIATIVE HUMANITAIRE

Enfant de mai 68[19], Aviation sans Frontières est le produit d'une nouvelle génération d'associations dont le chemin fut tracé par les médecins fondateurs de MSF[20]. Elles se reconnaissaient globalement à travers le terme générique « sans frontiérisme » qui signifiait alors le refus de choisir entre « les bons et les mauvais morts[21] » et d'être « contraintes par l'absolutisation de la souveraineté étatique[22] ».

Ces organisations non gouvernementales (ONG)[23] d'un nouveau type se sont notamment imposées pour mandat d'intervenir dans les pays en développement pour y assurer une aide d' « urgence » en faveur de populations victimes de catastrophes naturelles ou de la guerre civile. Certaines d'entre elles se sont singularisées occasionnellement en ne craignant pas d' « enfreindre sciemment les règles traditionnelles des relations et du droit international progressivement construites depuis le traité de Westphalie (1648) et qui assurent la primauté de la souveraineté des États[24] ».

Répondant au droit d'initiative humanitaire[25], ces ONG, parmi lesquelles Aviation sans Frontières, s'invitent dans les pays en crise avec pour seul objectif d'assister les populations à secourir. De leurs sites d'intervention, elles témoignent des drames humanitaires en appelant les États et les Nations unies à assumer leurs responsabilités. Les positions tranchées des « *sans frontiéristes* » ont changé pour toujours tant le paysage humanitaire que la réflexion des médias et du public sur le rôle de la diplomatie internationale.

Dans cette optique, Aviation sans Frontières Belgique a pour principal objet social de mettre les hommes et les moyens du monde de l'aéronautique au service de tout organisme qui le demande pour des raisons humanitaires telles que le transport de médicaments, de vivres ou de personnel médical, vers ou au sein de régions sinistrées. L'association refuse de participer à toute opération à caractère politique, religieux ou militaire. En outre, elle adopte une attitude de totale neutralité et d'indépendance quant à l'origine des crises ou des bouleversements des pays où elle est amenée à intervenir[26].

LUTTER CONTRE L'ISOLEMENT

Dans la dernière édition de son magazine annuel *Carnet de vol* destiné au public, Aviation sans Frontières Belgique résumait – sans détour – le fait d'être « isolé » comme suit : « Vous êtes malade. Vous avez besoin de soins urgents. L'hôpital le plus proche est à 300 kilomètres. Vous ne disposez d'aucun moyen de transport. Les routes sont impraticables à cause de la saison des pluies. Si vous vous y aventurez, vous risquez de tomber dans un guet-apens ou de marcher sur une mine antipersonnelle. Vous vivez dans un pays en guerre. Plus aucune aide n'est acheminée. Vous êtes oublié de tous. Abandonné. »

Lutter contre l'isolement des populations, c'est empêcher que de telles situations deviennent inéluctables. C'est aussi répondre à l'Article 22 de la Déclaration universelle des droits de l'homme qui affirme que « Toute personne, en tant que membre de la société, a droit à la sécurité sociale; elle est fondée à obtenir la satisfaction des droits économiques, sociaux et culturels indispensables à sa dignité et au libre développement de sa personnalité, grâce à l'effort national et à la coopération internationale, compte tenu de l'organisation et des ressources de chaque pays. »
Les causes de l'isolement sont diverses. Quand elles ne sont pas le fait d'obstacles géographiques, elles peuvent résulter du climat d'insécurité qui prédomine lors d'une guerre civile ou de catastrophes naturelles (inondations, tremblement de terre, etc.). Grâce à ses pilotes et ses avions petits porteurs capables de se poser sur de minuscules pistes de brousse, Aviation sans Frontières peut se rendre dans les zones les plus difficiles d'accès, souvent enclavées, et y transporter des personnes qui aideront les populations vulnérables ainsi que des biens d'équipement humanitaire.

Aviation sans Frontières Belgique a donc pour mission de « désenclaver les populations », c'est-à-dire rompre leur isolement, et de répondre à leur détresse grâce aux moyens et aux ressources du monde de l'aéronautique. Sa vision est de contribuer à un égal accès pour tous aux soins de santé, à l'éducation, à la sécurité alimentaire, aux infrastructures sanitaires en incluant chacun et chacune dans la lutte contre la pauvreté[28].

Opérant selon un principe de non-concurrence à l'égard des opérateurs aériens commerciaux, Aviation sans Frontières Belgique s'engage avec détermination « là où les autres ne vont pas ou plus ». Ses programmes touchent ainsi l'ensemble des actions d'urgence et de développement « en faveur des populations isolées, sans distinction aucune, de race, de sexe, de langue, de religion, d'opinion politique ou toute autre opinion, d'origine nationale ou sociale, ou toute autre situation »[29]. Son personnel, constitué de professionnels de l'aviation, de mécaniciens et de logisticiens, solidaire avec les populations du Sud consacre son temps et met ses compétences au profit des populations et des acteurs humanitaires et de développement.

DES AILES, DES FEMMES ET DES HOMMES

Les auteurs de l'ouvrage que vous tenez entre vos mains ont réalisé une tâche exceptionnelle, celle de donner enfin la voix à ces femmes et à ces hommes qui, pendant un quart de siècle, ont été les acteurs d'Aviation sans Frontières Belgique.

Le journaliste Louis Maraite est parvenu à obtenir de ces pilotes humanitaires et de ces escortes, généralement réservés quant à leurs exploits, des témoignages poignants qu'ils n'avaient sans doute jamais pu ou voulu extérioriser. Ce fut aussi l'occasion de se remémorer des rencontres inattendues, de se souvenir des collègues partis vers de nouvelles affectations et de réaliser, sans oser l'avouer, combien la bravoure fut souvent leur lot quotidien.

Christophe Smets est un photographe de grand talent et d'une rare sensibilité. Il coopère avec Aviation sans Frontières Belgique depuis 2002. Pour rendre compte de ses actions, il s'est rendu sur tous les sites où l'association, ses pilotes et ses escortes interviennent depuis lors : Mali, République démocratique du Congo, Somalie, Kenya, Rwanda, Guinée, etc. Armé d'une grande patience, il a capté sur le vif des instants de plénitude que l'on se plaît à regarder simplement. Il a également effectué une recherche d'archives et a retrouvé des perles que nous croyions disparues à jamais. Christophe aime les gens et il est convaincu qu'un monde meilleur est possible, ses photographies en sont le meilleur témoignage. Elles sont une incontestable invitation à la réflexion et au partage.

Alors que je termine la rédaction de cette introduction, Pierre Wathelet, chef de mission à Bunia[30], nous envoie un SMS : « Opération délocalisation terminée. Avion à Nagero à cause météo. Retour à Bunia demain. » Nous sommes le samedi 1er novembre 2008. Ce n'est pas un jour férié pour notre équipe à Bunia. Le pilote Jacques Jacquet vient d'évacuer, aux commandes du Cessna 206 immatriculé OO-ASF, des membres de l'ONG Solidarités en poste dans les environs de Dungu, où les combats ont malheureusement repris.

Asante sana, mesdames et messieurs les pilotes.
Namaste, mesdames et messieurs les escortes.
XAVIER FLAMENT

[1] A Century of Flight, Getty Images Publishing Projects, 2002.
[2] Lien : http://www.centennialofflight.gov/essay/Air_Power/Pre_WWI/AP1.htm
[3] De son vrai nom, Manfred Albrecht, Baron von Richthofen.
[4] Cette épopée est retracée par l'essayiste et romancier Tom Wolfe dans son livre « The Right Stuff » (Ed. Bantam Books).
[5] Le terme « aviation civile » désigne tout ce qui est relatif à l'aviation non militaire, tant le transport de passagers que celui des marchandises.
[6] *L'aventure des pionniers de l'aviation*, Ed. Hachette, Paris, 2004.
[7] *Parmi eux*, Jean Mermoz, Henri Guillaumet, Emile Barrière et Henri Erable.
[8] Compagnie générale aéropostale, mieux connue sous l'appellation « Aéropostale ». Voir à ce sujet le site Internet d'Air France consacré à l'histoire de l'Aéropostale (http://www.airfrance-80ansaeropostale.com)
[9] Airports Council International.
[10] Preliminary airport traffic results for 2006, ACI, Media Release, Genève, 7 mars 2007.
[11] Voler.
[12] Traduction de l'espagnol « No, fueron ustedes ». Picasso, Roland Penrose, collection Champs, Flammarion, 1953.
[13] Lien Internet : http://www.flyingdoctor.net. Littéralement, « Flying doctors » signifie « docteurs qui volent ».
[14] Traduction de la terminologie anglaise Remote areas.
[15] Lien : http://www.maf.org
[16] Lien : http://www.amref.org
[17] Pilotes de brousse.
[18] *Ciel et cieux*, Félix Paillet, Editions Modulaires Européennes, 2005. Préface de Jean-Claude Gérin, président d'Aviation sans Frontières France et de Philippe Dehennin, président d'Aviation sans Frontières Belgique.
[19] Cette déclaration fait débat.
[20] Médecins sans Frontières.
[21] La formule est de Bernard Kouchner, un des fondateurs de MSF.
[22] *Les ONG*, Philippe Ryfman, Collection Repères, Ed. La Découverte, Paris, 2004.
[23] « Le terme Organisation non gouvernementale ne recouvre pas une catégorie juridique précise, ni en droit international, ni en droit interne. Il s'agit plutôt d'une commodité de langage destinée à désigner des personnes morales de droit privé dont l'activité n'est pas strictement nationale. Le seul point commun des ONG est d'être des structures non gouvernementales et non lucratives. Il s'agit le plus souvent d'organismes de droit privé national : associations, fondations ou autres formes similaires reconnues par le droit national des différents pays concernés », selon la définition du *Dictionnaire pratique du droit humanitaire*, Françoise Bouchet-Solnier, Ed. La Découverte, Paris, 2006.
[24] *Une histoire de l'humanitaire*, Philippe Ryfman, Collection Repères, Ed. La Découverte, Paris, 2008.
[25] Consacré par l'article 3 commun au quatre Conventions de Genève et par l'article 10 de la quatrième Convention.
[26] Extrait des Statuts fondateurs d'Aviation sans Frontières Belgique (1983).
[27] Comprendre « Isolé, coupé du reste du monde ».
[28] Cf. Plan Stratégique 2005-2009 (http://www.asfbelgium.org/FR/objectifs.asp).
[29] Conformément à l'article 2 de la Déclaration universelle des droits de l'homme.
[30] District de l'Ituri, République démocratique du Congo.

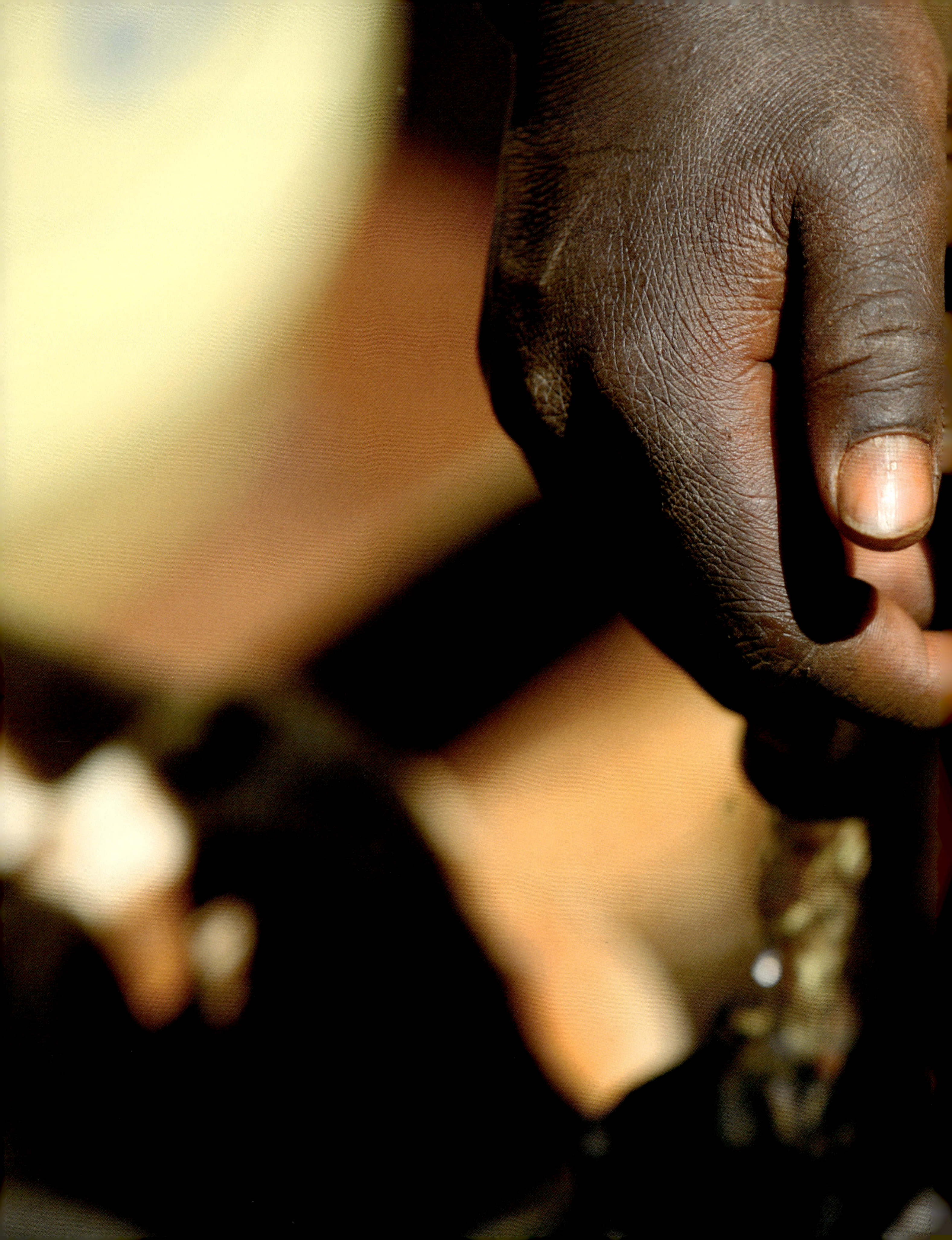

12 & 13 / CHAPITRE

UNE ONG INTERVENTIONNISTE

ASF
INTERVIENT LÀ OÙ LES AUTRES NE VONT PAS

Brucargo. Bâtiment 706. Au troisième étage, le long de la piste 25 Right, 07 Left : les locaux d'Aviation sans Frontières Belgique (ASF Belgique). Des bureaux identiques à ceux qu'occupent, dans d'autres couloirs, d'autres opérateurs de l'aéroport. Malgré le double vitrage, on entend les avions décoller. Lorsqu'on regarde par la fenêtre, il est déjà trop tard : l'avion a disparu à l'horizon. Le regard s'arrête alors sur une affiche géante : une rudimentaire manche à air plantée dans le désert à côté d'une camionnette aux couleurs blanche et bleue d'ASF.

Depuis vingt-cinq ans, ASF Belgique a pour mission de « désenclaver » les populations isolées. L'association offre des solutions aux populations en détresse grâce aux ressources et aux moyens de l'aéronautique. « Nous intervenons là où les autres opérateurs aériens ne vont pas ou plus », explique Philippe Dehennin, président d'ASF Belgique. En un quart de siècle, ses actions ont toujours été proactives : « Dans un premier temps, nous arrivions avec l'avion et nous répondions à la demande des ONG », explique Vincent Feron, le chargé de programmes qui parcourt l'Afrique depuis dix ans pour évaluer les besoins et mettre en œuvre les interventions d'ASF Belgique. « Dans un second temps, nous avons décidé de coordonner davantage les plans de vol des ONG et ainsi mieux rentabiliser l'avion. »

Les principes de base n'ont pas changé. L'ONG s'astreint à une attitude de totale neutralité et d'indépendance. Elle ne prend position ni sur l'origine des crises ni sur les bouleversements qui se déclarent dans les régions où elle intervient. « Nos programmes touchent l'ensemble des actions d'urgence et de développement en faveur des populations enclavées, sans distinction de race, de sexe, de langue, de religion ou d'opinion politique », reprend Philippe Dehennin, président de l'association. « Notre mission est de contribuer à un égal accès pour tous à la santé, à l'éducation, à la sécurité alimentaire ou aux infrastructures sanitaires. »

Souvent, l'unique espoir vient du ciel. La faiblesse des réseaux routiers, souvent dégradés lors de la saison des pluies ou faute d'entretien, l'insécurité qui règne sur les pistes, ou les distances particulièrement importantes posent de réels problèmes logistiques. Avec comme conséquences immédiates l'impossibilité de rejoindre les populations isolées et la suspension des actions humanitaires. « L'avion petit porteur constitue alors le seul moyen de transport permettant une action rapide, efficace, économique et sécurisée. »

Depuis vingt-cinq ans, l'activité d'ASF Belgique se développe principalement autour de quatre types de programmes : ceux dits d'urgence et de réhabilitation, ceux dits de développement, ceux dits d'escorte et d'envoi de fret humanitaire et ceux dits de sensibilisation du public aux problématiques des pays en développement.

L'intérêt humanitaire de l'aviation légère dans le cadre de missions d'urgence et de réhabilitation est double : outil de désenclavement et catalyseur de développement.

L'action des acteurs humanitaires et du développement, qu'il s'agisse de la distribution de l'aide ou de la supervision des programmes, peut être entravée par les difficultés de transport et de déplacement par voie terrestre ou fluviale. Par son programme d'appui aérien, ASF Belgique entend faciliter et sécuriser par la mise à disposition d'un avion humanitaire le transport des personnes et des biens dans le cadre d'actions humanitaires et de réhabilitation exécutées dans des zones d'intervention isolées.

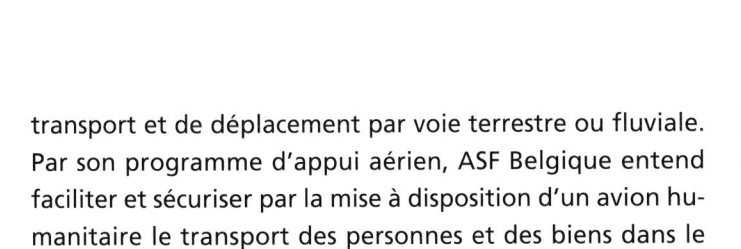

L'avion permet une meilleure circulation des personnes, le transfert de compétences techniques et médicales, une meilleure efficacité du personnel humanitaire et une durée plus longue sur les sites d'intervention, la facilitation des missions d'évaluation et de suivi, l'accessibilité et la possibilité d'intervention dans les zones enclavées, l'ouverture de sites d'intervention aux liaisons routières ou fluviales inexistantes et des liaisons entre capitales régionales et arrière-pays.

Ces services permettent un accroissement des performances des organisations par l'amélioration de leur capacité de gestion en matière de support de transport et de sécurité.

ASF Belgique, dans son action de renforcement de l'infrastructure aérienne et de développement de l'espace aérien, prend en charge la réouverture des pistes d'aviation n'étant plus praticables, faute d'entretien, la réhabilitation de petits aérodromes régionaux et la réfection des bâtiments à usage aéronautique. De telles mesures permettent d'élargir les zones d'intervention des acteurs humanitaires et de participer à la stabilisation de la sécurité et à la lutte contre la pauvreté.

En tant qu'organisation de développement durable, ASF Belgique pérennise l'action des acteurs du développement et des acteurs économiques, par la formation de personnel local qualifié et par le renforcement de la structure aérienne (réhabilitation et entretien des pistes), offrant des infrastructures de qualité et incitant d'autres opérateurs à occuper l'espace aérien.

Les actions d'ASF Belgique dans le cadre des programmes d'escortes et d'envoi de fret humanitaire s'inscrivent dans le cadre d'une chaîne de solidarité – dont ASF Belgique est un maillon indispensable – représentée par le monde aéronautique au service des populations du Sud.

En matière de sensibilisation du public, ASF Belgique développe son action au Nord en réalisant des campagnes de sensibilisation principalement en Belgique. Ainsi, l'association entend conscientiser le public aux problématiques rencontrées en cours de mission et aux difficultés auxquelles les pays en développement (PED) font face. Les thèmes traités par ASF Belgique sont : l'enclavement et l'accès aux moyens de transport, la santé et l'accès aux infrastructures sanitaires, la sécurité alimentaire et les problèmes de malnutrition, le contexte économique et les conséquences de la pauvreté, l'approche genre et le rôle des femmes.

Pour réaliser ses programmes, ASF Belgique compte sur une équipe d'employés engagés à temps plein et travaillant tant à son siège de Bruxelles que sur le terrain des opérations. À Bruxelles, quatre salariés auxquels s'ajoutent le chef-pilote, son adjoint et les responsables des escortes, s'activent en permanence. La majorité d'entre eux est volontaire. Sur le terrain, en République démocratique du Congo, au Tchad, à Madagascar (où ASF Belgique élargit son mandat en assurant des missions visant à protéger le patrimoine environnemental), cohabitent des pilotes et des chefs de mission, contractuels ou volontaires. Un personnel dévoué, où chacun, à son niveau, apporte sa pierre à l'édifice.

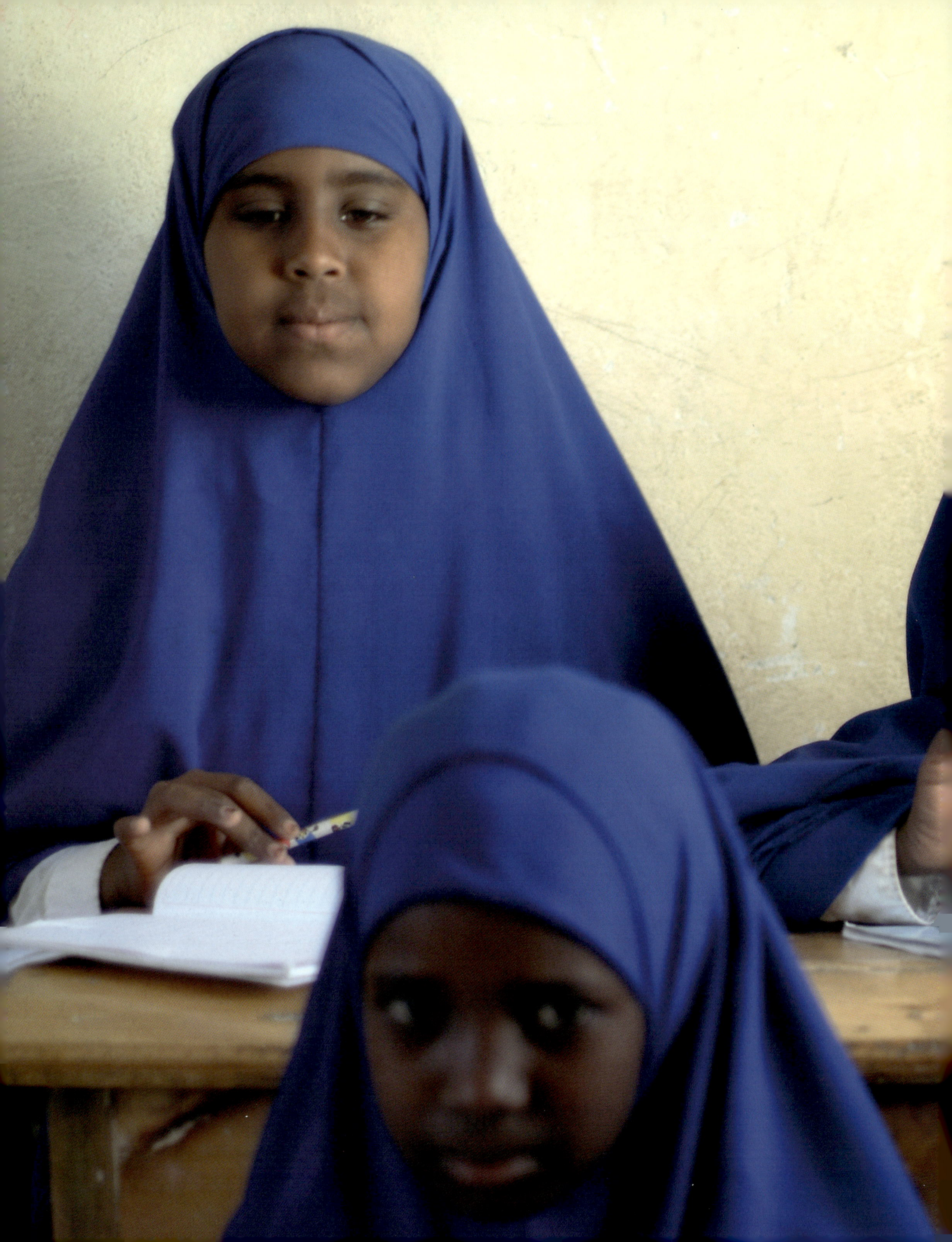

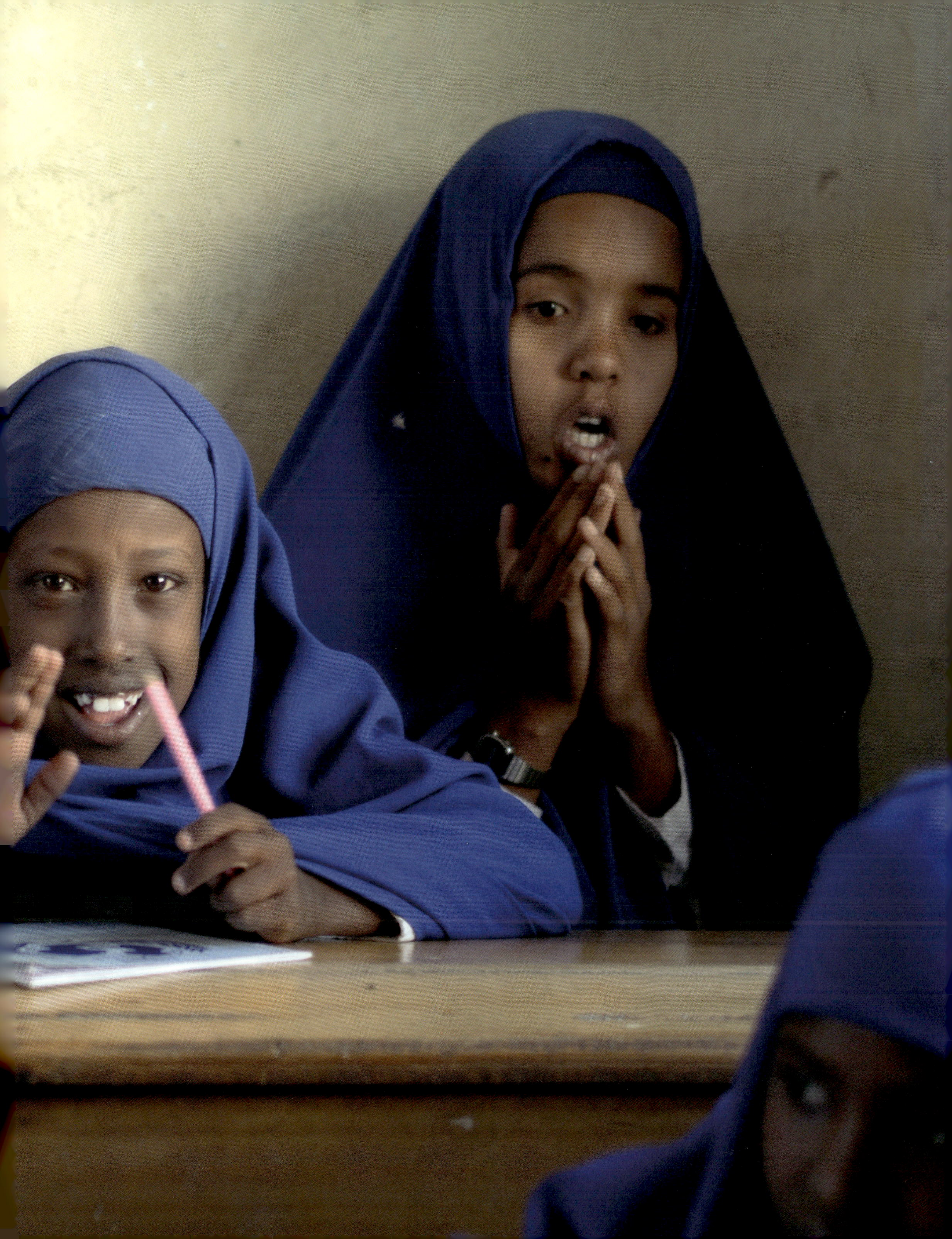

Programme OXFAM d'accès à l'eau potable (Kenya).
Camp de réfugiés de Hargeisa (Somaliland).

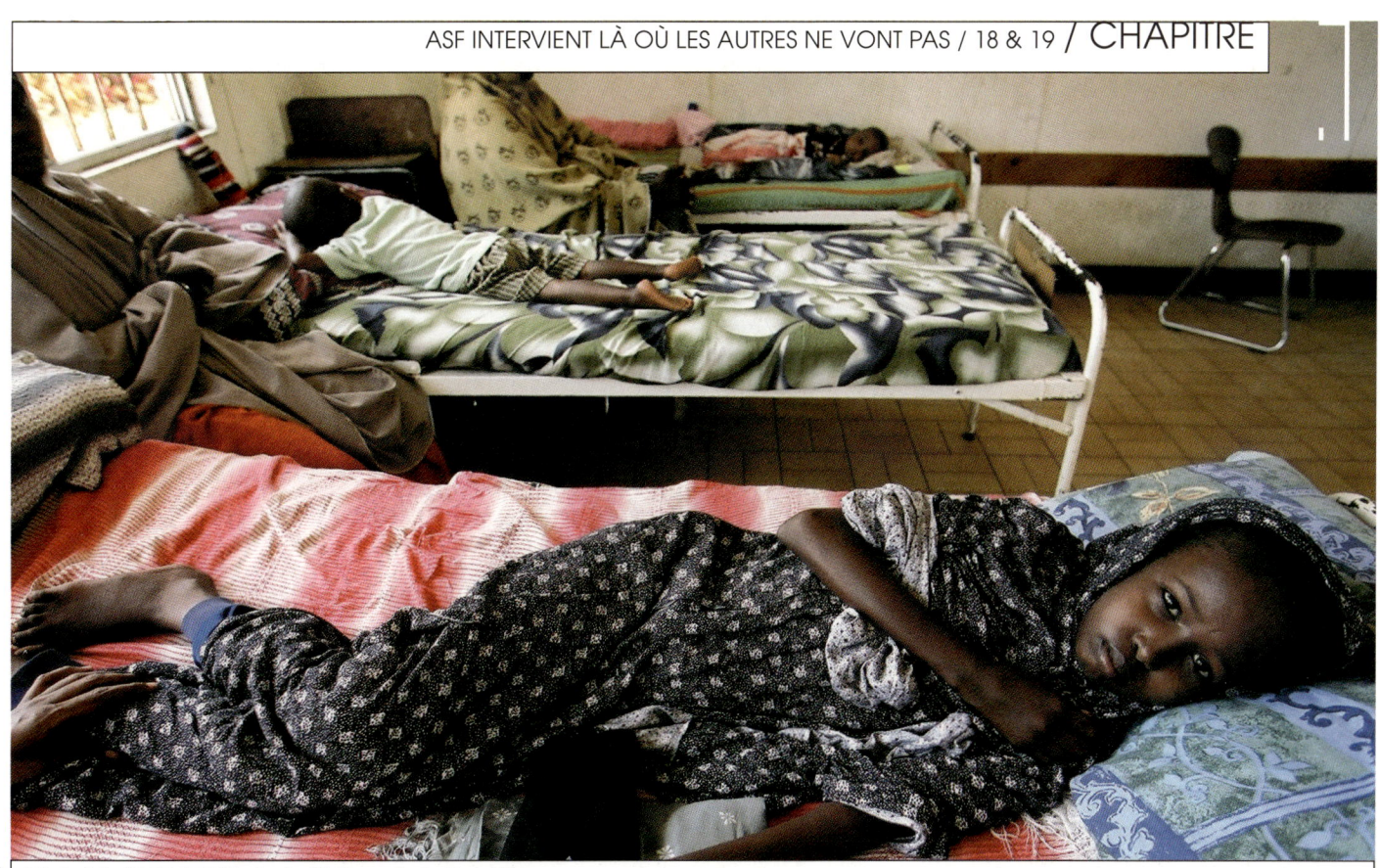

ASF INTERVIENT LÀ OÙ LES AUTRES NE VONT PAS / 18 & 19 / CHAPITRE

Hôpital de l'ONG SOS Kinderdorf à Mogadiscio (Somalie).

Roger Durez, opérateur en télécommunications, pose près de l'avion à Kitale (Mali).

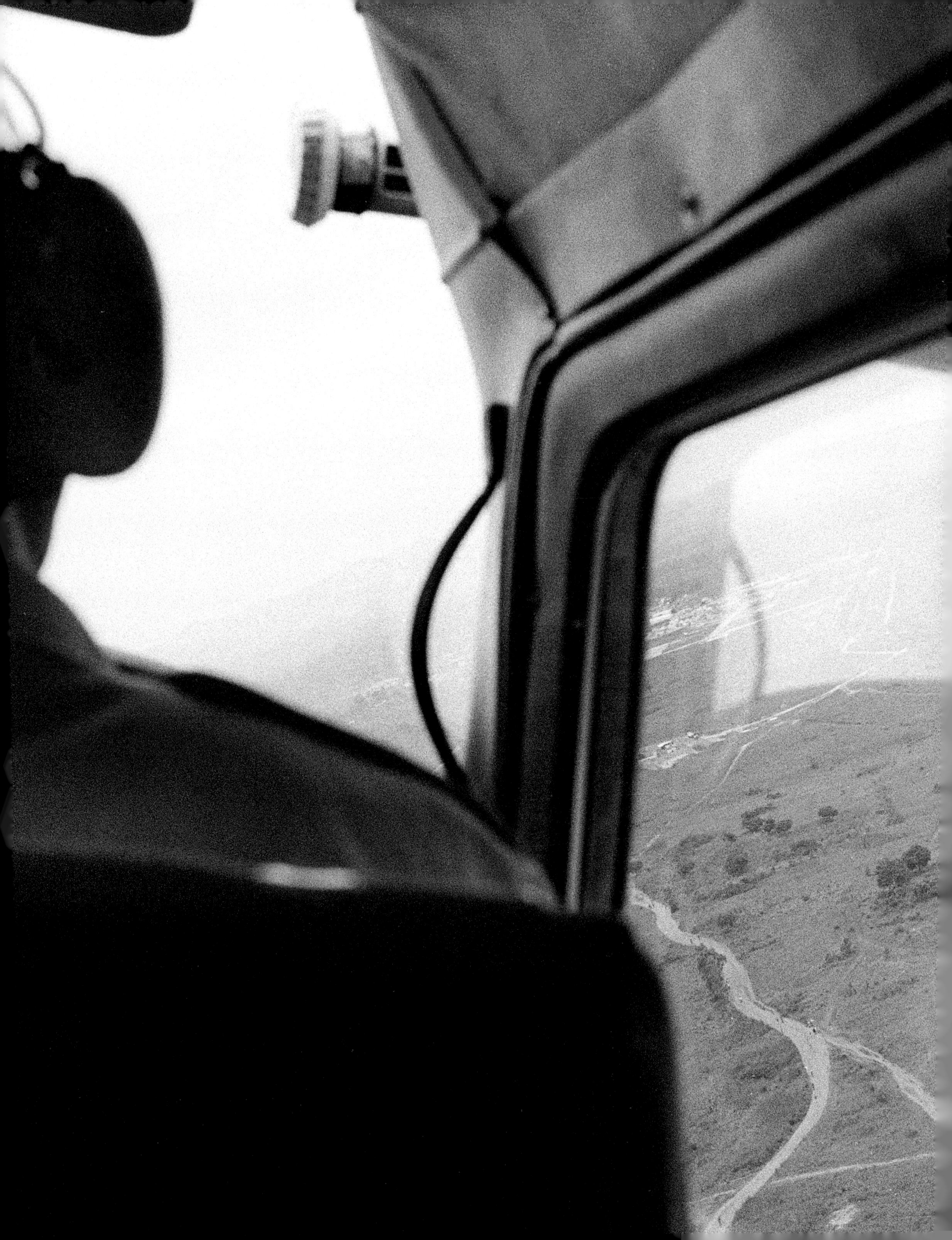

20 & 21 / CHAPITRE 2

ASF BELGIQUE
DANS UN CONGO EN RECONSTRUCTION

Janvier 2008, Bunia, District de l'Ituri. La ville est sous contrôle de la MONUC (Mission de l'ONU en République démocratique du Congo). Les avions et les hélicoptères blancs marqués *United Nations* sont gigantesques à côté du Cessna 206 d'Aviation sans Frontières Belgique. Le pick-up Toyota tire une remorque avec le « toucq », un fût de deux cents litres d'essence, et la pompe manuelle « jappy » qui permet de transvaser le carburant. Katho, Étienne et Mussa, les logisticiens d'ASF Belgique, font le plein d'essence. Ils procèdent au *refueling* sous le contrôle du pilote, l'Arlonais Jacques Jacquet. Contrôle, recontrôle, rerecontrôle avec une jauge manuelle, un morceau de bois étalonné. « Les indicateurs de bord sur la contenance des réservoirs ? Il faut toujours vérifier avant le décollage », explique Jacques.
– « Tu as purgé ? », demande-t-il à Etienne.
– « Non, pas encore. L'homme n'est pas infaillible. », plaisante le Congolais avec un large sourire.

La purge est faite. Essence bleue. Comme les lettres ASF sur l'avion blanc, comme les casques que portent les soldats pakistanais, indiens et marocains qui gardent l'aéroport depuis quatre ans. Comme le ciel.

SUR LA PISTE LA PLUS DURE DE L'ITURI

Embarquement, ceintures, autorisation de décoller. Et c'est parti. Objectif du vol : vérifier l'état des deux pistes de Mahagi : port et ville. « Mahagi Port est inconnue du GPS. C'est très près de la frontière ougandaise. On va voir si la piste est toujours utilisable. Mahagi Ville, par contre, on s'y rend très souvent pour les ONG. ASF Belgique y a financé l'entretien de la piste. On va vérifier si le travail a été correctement effectué. »

L'avion part plein nord, et survole une province verte, vallonnée, aux terres cultivées, une succession de minuscules parcelles desservies par de petits chemins de terre rouge qui, vus d'avion, sont autant de veines. Quelques nuages forment des ombres tandis que, çà et là, des feux volontaires envoient des fumées vers le ciel : les cultivateurs entendent améliorer le regain.

Le vol est un peu mouvementé à cause des vents montagneux. On ne retrouve le calme qu'une fois au-dessus du lac dont les changements d'appellation (Albert, Mobutu Sese Seko, Albert-Nyanza, M'Vouta-N'Zeghé...) sont à eux seuls des repères historiques.

Au-dessus de Mahagi, on cherche, en visuel, la piste du port. Quand on la trouve enfin, l'œil averti de Jacques est formel : « Comme elle est là, on ne passera pas. Il y a des trous, l'herbe est haute, impossible de s'y poser. » Pour un novice, la piste de Mahagi Ville, que l'on survole quelques minutes plus tard, n'est pas en meilleur état. « Oh que si », reprend Jacques. « Elle est même très bien entretenue. »

Aussitôt, il entame l'approche et se pose sans aucune hésitation. Les graviers crépitent sur le fuselage, faisant un bruit assourdissant. Jacques maintient l'avion bien droit. Le cou-

cou ralentit puis s'arrête bien avant le bout de la piste. Des herbes sont coincées dans les disques de freins.
– « Auparavant, une cabane de la régie des Voies aériennes existait. Aujourd'hui, elle est réduite en cendres. »
Le moteur à peine éteint, des gens surgissent de partout. Ce sont les ouvriers qui entretiennent la piste. Un coup d'œil de l'expert, un mot de Katho avec le chef du village concernant le danger que représentent les chiens, et on repart, direction Aveba.
– « Malgré le bruit, les chiens n'ont pas peur à l'arrivée de l'avion et restent sur la piste. Cela peut être dangereux. Nous devons impérativement nous assurer que la piste est bien dégagée avant chaque atterrissage et chaque décollage. »
On a parfois des surprises en approche finale, comme ces goals de football installés par les enfants sur la piste l'année dernière. Aveba requiert une totale concentration du pilote. La piste est en « S » et en montagnes russes, avec deux virages et un dévers.
– « Trop à droite et c'est la boue », ajoute Jacques qui l'a rouverte en mars 2007.
Seul le Cessna 206 d'ASF Belgique s'aventure sur cette piste. Comme sur beaucoup d'autres en Ituri, d'ailleurs.

L'ensemble des 31 villes et villages qui possèdent un aérodrome sont certes joignables en 4x4, mais les routes sont encore trop peu sûres. Vers le nord et l'Ouganda subsistent des zones de combats où, à maintes reprises, les véhicules des ONG ont été victimes de guet-apens. De plus, il faut compter environ une journée de voiture pour rejoindre des lieux que l'avion relie en une heure. La solution vient donc du ciel.

L'HOMME LE PLUS IMPORTANT ? LE PILOTE !
À Bunia, la communauté anglicane a demandé exceptionnellement à ASF Belgique de voler ce dimanche matin. Avec un invité de marque : le ministre congolais de l'Éducation nationale, Maker Mwansu, qui souhaite se rendre compte de visu des lacunes de l'infrastructure scolaire en Ituri. Une visite sur le terrain a bien plus de poids et est bien plus parlante que de longs discours.

C'est le branle-bas de combat à l'aéroport de Bunia. Tous les officiels sont présents pour saluer comme il se doit le ministre qui est escorté par la police. Il met le cap sur Aru avec les seuls pilotes qui s'y rendent : ceux d'ASF Belgique. À Bunia, dans le salon d'honneur, sous le portrait du Président Kabila, tout le monde attend dans des fauteuils disposés en U autour d'une télévision. On attend surtout le pilote, l'homme qui, en cet instant précis, est le plus important. Jacques Jacquet arrive, dépose son plan de vol, vérifie le niveau de carburant, note le poids des passagers et des bagages, inspecte une dernière fois l'avion et examine le débattement de l'amortisseur de la roue avant : il faudra bientôt changer les joints !
La capacité de l'avion étant limitée, le ministre devra laisser à terre certains de ses collaborateurs.

L'avion se pose sans problème à Aru où le ministre est attendu par une autre importante délégation. Tous les édiles locaux sont là afin de saluer le représentant du gouvernement qui logera sur place. Jacques viendra le rechercher lundi matin.

Lundi après-midi, c'est l'ONG congolaise ADSSE (Association pour le Développement Social et la Sauvegarde de l'Environnement) qui souhaite utiliser l'avion pour un vol à destination de Beni. À la maison ASF, Aude, field manager, et Rosette, la coordinatrice congolaise des vols, réceptionnent et coordonnent les demandes de vol de la soixantaine d'ONG présentes à Bunia. Attention : mardi, aucun vol n'est autorisé ! L'avion doit faire l'objet d'un contrôle « administratif » à Kisangani.

AUDE,
FIELD MANAGER POUR ASF À BUNIA

Aude a vingt-quatre ans, elle est à Bunia depuis neuf mois. Elle est passée maître dans l'organisation des vols. Sous la supervision de Yannick, le chef de mission, elle établit les contacts avec l'ensemble des ONG et coordonne les déplacements des passagers ou du fret. « Nous veillons à rentabiliser au mieux notre avion. L'argent de nos donateurs profite ainsi davantage aux populations auxquelles les humanitaires viennent en aide », explique cette jeune Nivelloise, licenciée en sciences politiques (Facultés Saint-Louis, Bruxelles) et diplômée du troisième cycle NOHA (Network of Humanitarian Action, UCL). Elle voulait s'engager et voir.

À Bunia, elle s'est engagée et elle a vu. L'extrême pauvreté, l'administration déliquescente après plusieurs années de guerre, le rôle encore irremplaçable de la MONUC, mais aussi l'espoir d'un monde meilleur, la débrouille et le dynamisme des Congolais, l'engagement exceptionnel des humanitaires qui se retrouvent tous les soirs, ou peu s'en faut, à la « Maison de la MONUC ». Ainsi, elle a rencontré Eva, une pédiatre allemande engagée par MSF Suisse pour travailler à l'hôpital de Bunia. Cela fait également neuf mois qu'elle est là. Aude reçoit les représentants des ONG qui volent à bord des avions ASF et organise leurs déplacements dans le district de l'Ituri. Eva, quant à elle, accueille tout le monde à bras ouverts : l'hôpital cherche désespérément des donneurs, le sang manque cruellement, impossible de satisfaire les besoins. Aude, donneuse elle-même, sert de rabatteuse pour Eva. Samedi matin, à peine arrivé à Bunia, me voilà donc volontaire, devant la grille rouge de l'entrée de service de l'hôpital MSF. Eva est là, arborant un sourire communicatif. Elle nous emmène vers le labo de pédiatrie. Des enfants pleurent dans le couloir. Un bébé est au plus mal. Il lui faut d'urgence du sang B négatif. C'est le groupe sanguin d'Eva. Alors que je donne mon A positif derrière une tenture africaine, Eva s'assied pour donner à nouveau une petite poche.
– « J'ai déjà donné mon sang il y a onze jours. Normalement, il faut attendre trois mois entre deux dons, mais je ne peux pas laisser ce bébé. Je suis en fin de mission et je serai de retour chez moi à Cottbus, lundi. J'aurai alors tout le temps de me reposer. »

Le soir, à la Maison de la MONUC où Aude est plus connue qu'une reine, Michaël, un Canadien anglophone, *political affairs* de la MONUC se confie. Il participe à la négociation des accords de paix avec les rebelles. En anglais ? Il admet, en souriant, que pour négocier, ce n'est pas le plus facile. Mais, comme il est préférable de tout répéter de nombreuses fois, on finit par s'entendre. À trente-six ans, Michaël est en quête de sens. À Bunia, autour d'une Primus, la bière congolaise, on ne parle pas de la Coupe d'Afrique de football ou de télévision, mais bien des chemins de vies qui divergent. Michaël évoque ses amis qui fondent des familles et gravissent les échelons dans la hiérarchie de leur entreprise.
– « Et moi ? »
Il admet ses difficultés quand, de retour au Canada, ils se retrouvent.
Je lui dis que les regrets qu'il nourrit sont sans doute aussi forts que les envies qu'il suscite auprès des mêmes amis qui le voient libre, jeune, au service du monde et des plus faibles, menant une vie trépidante… S'il existe des parcours tout balisés, le bonheur n'est-il pas d'ouvrir sa propre voie ? Et, à trente-six ans, un homme a encore tout le temps de se stabiliser.
– « Un homme oui. Mais pas une femme. Notre horloge biologique à nous, elle tourne », réplique Simona. À trente-huit ans, elle dirige les services de psychologie sociale de la Coopération Italienne (COOPI). Elle vient de Naples et reconnaît que, tous les jours, au cœur de l'Ituri, son avenir personnel la taraude.

Aude, avec ses vingt-quatre printemps, ne se pose pas toutes ces questions. Sa mission touche bientôt à sa fin, et Nicolas l'attend en Belgique. Une autre mission peut-être, « mais alors de courte durée, puis on verra, en 2009, si on peut partir ensemble ». Aude sait où elle va. Cette détermination lui a d'ailleurs servi à Bunia.

La condition des femmes congolaises est parfois difficile à accepter pour les coopérants. Bien qu'elles contribuent souvent à parts égales avec les hommes aux charges du ménage, beaucoup de parents continuent à estimer que la scolarisation des filles – trop souvent cantonnées aux travaux ménagers – est inutile. Ce manque d'instruction les empêche encore aujourd'hui d'accéder aux postes à responsabilités. Toutefois, la voix des militantes féministes de la région commence à être entendue, et ASF Belgique, en donnant à Rosette un rôle important dans le fonctionnement de la mission, souhaite participer – modestement – à la revalorisation de la femme congolaise.

À son arrivée à Bunia, Aude, elle aussi, a dû démontrer qu'elle était capable de s'imposer. Occasionnellement, les membres du personnel recrutés sur place évaluent leurs collègues de la gent féminine, de surcroît quand elles sont européennes. Mais lorsqu'ils se rendent compte qu'elles accomplissent leur travail et qu'elles sont au moins aussi compétentes que les hommes, la situation se normalise rapidement. Et puis Jacques, le pilote chevronné, de père belge et de mère congolaise, est là, au cas, fort peu probable, où surviendraient des problèmes de communication.

JACQUES JACQUET, UN DES « PILOTES MIRACLE » D'ASF BELGIQUE

Jacques Jacquet est un personnage atypique, un introverti aux nerfs d'acier. Il a déjà vécu trois évacuations en catastrophe dont l'une – de Kisangani à Goma – est restée célèbre. Aussi, pour lui, Bunia, à présent sous le contrôle de la MONUC, c'est un peu le calme après la tempête, sans être pour autant un lieu de villégiature. « On a rouvert la piste d'Aba », explique Aude. « Normalement, les gens sur place avaient été prévenus. On s'est quand même retrouvés en bout de piste, entourés de soldats qui pointaient leurs armes vers l'avion. Jacques est resté d'un calme olympien. Il est sorti, a dit bonjour en swahili et en lingala et a demandé à voir le chef qui n'avait pas été prévenu de notre arrivée. » Finalement, une heure de palabres règlera l'affaire. Oscar Oscar Oscar Novembre Golf (pour OO-ONG, l'immatriculation de l'avion) pourra décoller.

Aba, Aveba, Aru, Mahagi, Irumu, Isiro, Rethy… Pour toutes les populations situées autour de ces pistes de brousse, l'avion d'ASF Belgique est synonyme d'espoir. En effet, c'est lui qui achemine l'aide humanitaire, les médecins, les médicaments, les agronomes et les vivres. C'est aussi lui qui emmène les malades ou les blessés vers l'hôpital de Bunia.

Dans l'avion se croisent beaucoup d'enfants. À l'aller, il y a ces filles violées qui doivent bénéficier rapidement d'un traitement antisida à Bunia. « Entourées de leur maman et des accompagnants des ONG, elles sont tellement abattues que je ne parviens presque pas à leur parler. Vous me voyez leur demander : "ça va ?" », déplore Jacques.

Au retour, il y a ces enfants soldats que l'ONG internationale *Save the Children* reconduit dans leur village d'origine pour qu'ils reprennent enfin une vie normale après plusieurs années de guerre. « Ils crânent quand ils montent dans l'avion mais, même s'ils ont été des soldats souvent contraints de tuer, ils n'en mènent pas large quand l'avion s'élance. »

Le soir, à son retour à Bunia, l'avion est rangé un peu à l'écart, sur la terre. Katho et Etienne l'arriment, veillent à ce que les réservoirs contiennent deux cents litres d'essence, tandis que Jacques inspecte, encore et toujours.
– « Les deux cents litres, c'est pour pouvoir partir d'urgence, en cas d'évacuation. L'inspection, c'est parce qu'un pilote consciencieux doit toujours tout vérifier. »
L'aviation est affaire de méticuleux et, en Afrique, où les infrastructures font souvent défaut, le commandant doit l'être tout particulièrement !

EN COMPAGNIE DE MAMA MATUTINA AU MARCHÉ DE BUNIA

Située à cinq minutes de l'aéroport, la maison d'ASF Belgique est une villa congolaise typique. Murs blancs, toit en tôles, terrasse, barreaux et moustiquaires aux fenêtres pour bloquer les cambrioleurs et les insectes. Comme toutes les autres maisons d'ONG, elle est entourée d'un haut mur surmonté de fils de fer barbelé aux pointes tranchantes comme des rasoirs. Deux gardiens de jour, Christian et Mwamba, et deux gardiens de nuit, Sylvain et John, protègent la propriété et leurs occupants vingt-quatre heures sur vingt-quatre, sept jours sur sept. En plus du personnel expatrié, huit personnes y travaillent pour le compte de l'ONG belge : Rosette, la coordinatrice des vols, Étienne, Mussa et Katho les logisticiens/chauffeurs et Alain le jardinier. Et il y a les deux Mamas, Mama Matutina, la cuisinière, et Mama Léontine, l'aide-ménagère.

Chaque matin, Matutina va au marché. Elle y achète les denrées nécessaires au déjeuner, que l'équipe, aux personnalités si différentes, aime prendre ensemble. De la viande, du poisson, des fruits et des légumes. Lorsque la situation sécuritaire le permet, on trouve de tout…

Ce lundi matin, une heure après un violent orage, elle part à la recherche de poisson. Elle dépasse la réputée « Boucherie sans Frontière » alors fermée, les drogueries où tout s'achète à l'unité, les familles qui, assises par terre, concassent les racines blanches de manioc, les bidons jaunes des marchands d'huile de colza, et la place où des vendeurs se partagent la cargaison de bananes vertes d'un camion rafistolé. Matutina trouve du capitaine, pêché le matin même dans le lac Albert. Elle ramène aussi des tomates, des bananes, des oignons, des pommes de terre et du chou. Ces produits, elle les choisit en slalomant entre les échoppes de bois, au gré des étalages et des flaques d'eau. Matutina regarde, touche, soupèse, palpe, sent… Un vrai chef qui sait choisir le bon produit en gardant un oeil sur les prix. Il faut y prendre garde : ici, le poulet est plus cher que le bœuf !

La poissonnerie est tout un programme. Nul doute qu'un inspecteur belge de l'hygiène y ferait un arrêt cardiaque. C'est pourquoi le poisson du jour sera lavé, savonné, rincé puis cuit à l'huile d'olive. Succulent !

Deux allées plus loin, on découvre des croustillons, « beignets » en congolais, mais il s'agit bien des mêmes friandises que sur nos champs de foire. Mama Matutina met tout cela dans son sac, le pose sur sa tête et repart vers la maison, sautant les ornières, via les chemins boueux, entre les enfants qui sourient en disant bonjour, les motards qui klaxonnent sans ralentir et les rares policiers en chemise jaune qui règlent la circulation.

La vie quotidienne a repris à Bunia où 2007 a été la première année calme depuis plus de dix ans. Les séquelles de la guerre se traduisent par la présence des casques bleus armés installés près de l'aéroport et dans les souvenirs que les Congolais et les « expats » racontent, qui au « Petit Poussin » ou dans un autre mini-bar couleur locale, qui à la « Maison de la MONUC » où l'on fête, chaque soir, quelqu'un qui termine sa mission. On sourit autant qu'on plaint ce fou qui se promène tout nu et arrête les voitures. La guerre lui a fait perdre la raison. On parle des chiens qui ont presque tous disparu. Pendant la guerre, ils se nourrissaient parfois de cadavres. Les combats terminés, il a fallu les éliminer.

Chaque jour, sur la route de l'aéroport, on passe devant le centre d'abattage de petits animaux d'élevage et le tribunal militaire de Bunia. Entre les deux, il y a le cimetière que la végétation recouvre déjà entièrement, comme si la nature aussi voulait participer à la renaissance.

Kisangani. L'équipe-type d'ASF sur le terrain : le chef de mission, le pilote et les cadres locaux.

L'attente de l'aide venue du ciel.

BENI
Aérodrome

ONG

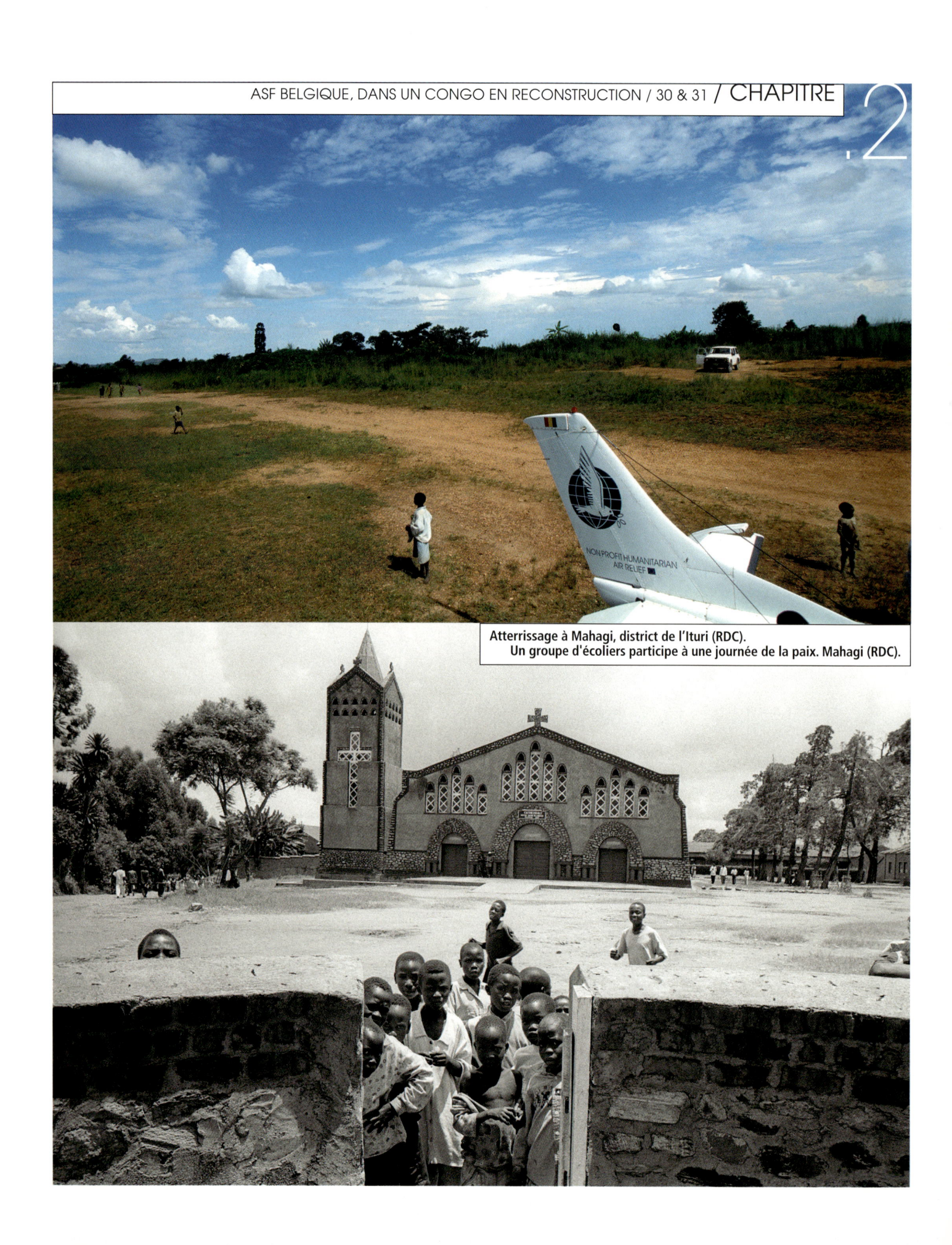

ASF BELGIQUE, DANS UN CONGO EN RECONSTRUCTION / 30 & 31 / CHAPITRE .2

Atterrissage à Mahagi, district de l'Ituri (RDC).
Un groupe d'écoliers participe à une journée de la paix. Mahagi (RDC).

L'atterrissage de l'avion d'ASF provoque généralement la curiosité des populations locales. Mahagi (RDC).

Journée de la paix organisée par des ONG à Mahagi (RDC).

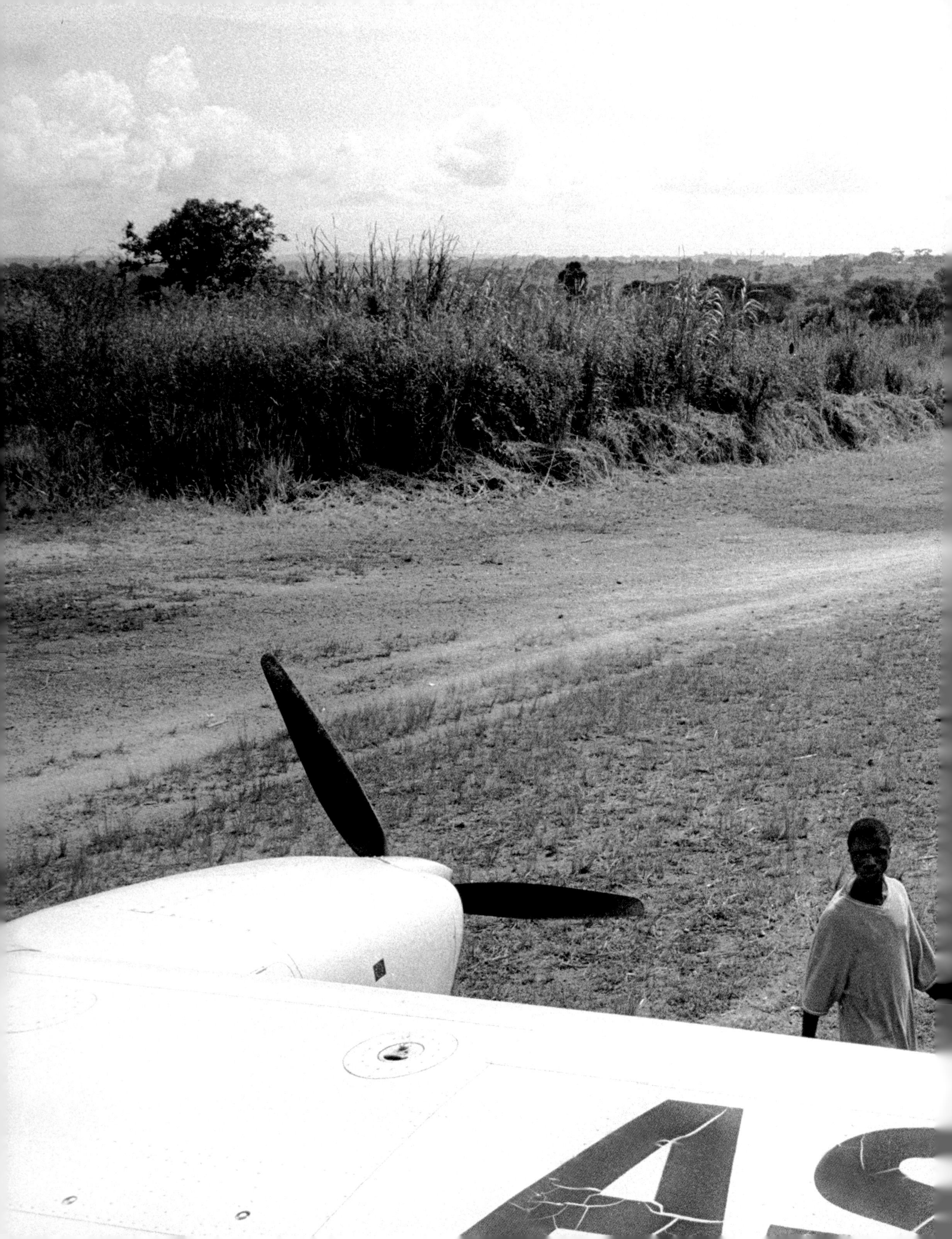
AS

UNE HISTOIRE DE L'HUMANITAIRE

32 & 33 / CHAPITRE 3

TOUT COMMENCE EN 1968 AU BIAFRA !

CHAPITRE 3

TOUT COMMENCE EN 1968, AU BIAFRA !

1980, Paris. Trois pilotes de ligne d'Air France, Alain Gréard, Gérald Similowski et Alain Yout, se présentent au siège de Médecins sans Frontières France, Boulevard Lefebvre à Paris. « Même à quarante-sept ans, je n'osais pas franchir le perron, par timidité », se souvient Gérald « Sim » Similowski dans *La biographie* de MSF. « MSF, c'était le modèle moral. Nous étions en osmose avec cette jeunesse bouleversante qui avait la volonté de secourir. Notre profil n'était pas du tout celui des MSF. C'étaient des soixante-huitards, un peu anars, des révolutionnaires. Je les voyais ainsi en tout cas. Ils auraient pu être nos gosses. Pas du tout le même genre que nous. Nous sommes moins intellectuels, plus techniciens, avec une seule passion, l'aviation, qui nous isole. Notre milieu est aseptisé, protégé, composé de gens en forme, sélectionnés pour leur vitalité, leur santé, des types qui *a priori* n'ont aucune raison de vouloir changer la société. »

Côté MSF, la surprise est aussi grande. « Ils étaient trois, des pilotes de ligne qui voulaient savoir ce que nous pensions de l'utilité d'un avion pour nos missions », raconte Rony Brauman, président de MSF de 1982 à 1994. « Fallait-il accorder crédit à ces aristos *high-tech*, ces habitués des palaces internationaux, qui proposaient de nous rejoindre sur les lieux d'opération ? Étaient-ils aussi sincères qu'ils l'avouaient, étaient-ils conscients des difficultés ? Seraient-ils capables de s'adapter à l'environnement volatile, aux conditions de vie rudimentaires ? »

Quelques mois plus tard, Aviation sans Frontières voyait le jour et un Jodel Mousquetaire, convoyé de Paris par des pilotes bénévoles, se posait sur une piste de brousse du Karamoja, au nord-ouest d'un Ouganda en proie à la famine. Pendant six mois, le monomoteur, pas plus grand qu'une 4CV, crapahutera d'un camp de réfugiés à l'autre, acheminant vivres, médicaments, matériel, infirmières et médecins MSF.

FRENCH DOCTORS

C'est en mai 1968 que la voie a été initialement tracée. À cette époque, l'État sécessionniste du Biafra (situé au sud-est du Nigéria) est ravagé par la guerre, tandis que Paris voit se dresser les barricades. Au Yémen, deux médecins français, Pascal Grellety-Bosviel et Max Récamier, sont en intervention pour la Croix-Rouge internationale. Ils soignent, opèrent et traitent les guerriers au Yémen tout en suivant, par radio, un autre conflit : celui du Biafra. Dans ce pays, sept millions de personnes sont enclavées dans 10.000 km^2 et pilonnées par l'aviation de chasse nigériane. La Croix-Rouge et les associations caritatives se voient refuser, par l'État nigérian, toute intervention humanitaire. Caritas, avec la bénédiction du Vatican, viole l'espace aérien. La Croix-Rouge internationale se décide à organiser, à son tour, un véritable pont aérien. Max Récamier se rend à la Croix-Rouge française : « Que fait-on pour le Biafra ? », demande-t-il. La réponse vient du Gouvernement français qui accorde une aide importante à la section française de la Croix-Rouge pour intervenir au Biafra. Le « sans frontiérisme » naîtra alors de la volonté de médecins français travaillant sous son égide, d'où le surnom des *French Doctors* qui les accompagnera longtemps. Ils décideront de rompre avec le silence pour gage de neutralité qui est de mise au sein d'organisations internationales, estimant qu'il fallait témoigner.

Récamier se charge de recruter les médecins volontaires français. Un des premiers à répondre à l'appel est un certain Bernard Kouchner. Il est âgé de vingt-neuf ans. Le 3 septembre 1968, les médecins français s'envolent. La première équipe est conduite par Récamier, la deuxième par Grellety-Bosviel. « C'est autour de la table d'une salle de garde au Biafra que se révèlera comme étant une évidence, en octobre 1968, le fondement du "sans frontiérisme". »

EMIR, GIMCU, SMF PUIS MSF

L'idée d'Aviation sans Frontières aurait pu naître au même moment, au même endroit. Un pont aérien avait été mis en place entre les aéroports de l'île Fernando Póo, en Guinée équatoriale, et celui d'Uli, au Biafra, où la piste est tracée avec des lampes à pétrole sur un segment de route. Chaque jour, six avions, frappés de l'emblème de la Croix-Rouge, assurent le pont aérien de l'opération INALWA (*International Airlift for West Africa*). Parmi les avions, des DC4 et un Super Constellation remis en service par des pilotes et du personnel navigant d'Air France.

Dans l'indifférence presque générale, la situation au Biafra devient vite catastrophique. La Croix-Rouge internationale interdisant l'expression publique de ses délégués, personne ne parle du sujet. Malgré tout, les médecins français décident d'avertir les médias. Le 10 janvier 1970, le réduit biafrais n'existait plus. La guerre civile du Biafra a causé plus d'un million de morts entre 1967 et 1970.

Des Français qui y sont intervenus, ils étaient septante-cinq, se retrouvent, avec d'autres, pour évoquer la création de l'Équipe Médicale d'Intervention Rapide (EMIR), sans savoir que l'appellation existe déjà dans l'Armée française. Le groupe se fixe pour objectif de constituer le corps d'urgence de la Croix-Rouge. C'est le « GIMCU », Groupe d'Intervention Médicale et Chirurgicale d'Urgence. Mais les liens avec la Croix-Rouge, déjà distendus après le Biafra, vont se disloquer après le raz-de-marée d'août 1970 au Pakistan. La Croix-Rouge convoque ces urgentistes qui, en douze heures, sont prêts à partir avec quinze personnes. La Croix-Rouge n'autorisera leur départ que plusieurs jours plus tard. C'est la rupture.

C'est à cet instant que Max Récamier lit dans *Tonus*, le journal destiné aux médecins généralistes, un appel aux médecins français pour créer un corps de volontaires de la médecine d'urgence. Cent cinquante médecins y répondent et se structurent dans une organisation appelée SMF, Secours Médical Français. Parmi eux, les « Biafrais ». Par la suite, lorsqu'il apparaît que le mot « Français » peut poser problème lors de certaines interventions, SMF devient MSF. Finalement, le 22 décembre 1971 Médecins sans Frontières voit le jour.

Pour se démarquer des associations « sœurs », MSF se fixe pour objectif d'aller « là où les autres ne vont pas ».

La première mission de MSF se déroule au Nicaragua, en décembre 1972. Managua, la capitale, a été détruite par un séisme d'une magnitude de sept à neuf sur l'échelle de Richter. Kouchner appelle le ministre Debré, sans passer par la Croix-Rouge. Et ça marche. MSF décolle avec quatre Transall de l'Armée française. À bord, quarante médecins. Septante-deux heures seulement après l'arrivée des secours américains, ils sont à pied d'œuvre.

MSF poursuivra son existence, de catastrophe en cataclysme, de séisme en conflit armé, entre les hôpitaux de fortune, les médias, les débats internes et les schismes (dont l'un donnera naissance à « Médecins du Monde »). En 1980, les médecins sont rejoints par Aviation sans Frontières et ses pilotes de Boeing 707 et 747 qui, en Ouganda, au Honduras, au Tchad, au Mozambique, en Éthiopie, au Zaïre, en Haute-Volta, au Sahel, en Somalie et au Soudan, dans des coucous d'un autre âge, retapés, redécouvrent le vol à vue, à l'instinct. « L'avion était souvent le seul lien avec l'extérieur. C'était la providence des équipes sur les terrains de guerre. Sa seule présence donnait du courage à tous », explique Jacques Pinel, responsable de la logistique chez MSF.

MSF PUIS ASF, DES HISTOIRES BELGES

1980, c'est aussi la création de Médecins sans Frontières Belgique. Philippe Laurent, Claire Bourgeois et d'autres médecins belges, de retour d'une mission en Thaïlande, créent, avec le soutien de Paris, la section belge de MSF. Celle-ci connaît un succès colossal, recrutant sans campagne cent cinquante médecins, enchaînant des dizaines de missions, démultipliant ses budgets grâce à des financements provenant des institutions européennes. MSF Belgique, c'est une puissance d'action phénoménale dans les années 80, à tel point que la section fait de l'ombre à la maison mère. « Les Français nous reprochaient notre "développementalisme", explique Philippe Laurent. Or, ce n'était qu'un moyen, pas une fin. Effectivement, nous avons lancé d'énormes programmes de développement, mais ce n'était qu'un instrument : en occupant les lieux, nous disposions du même coup d'une logistique d'ampleur, tant en termes financiers qu'en termes de personnel et de matériel, afin d'intervenir les premiers dans des situations d'urgence. » En quelques années, cette philosophie fera de MSF Belgique une des plus importantes ONG du monde. Les relations entre Paris et Bruxelles se tendent jusqu'à un procès à Bruxelles, en 1985, où Paris demande à la justice belge d'ordonner à MSF Belgique d'abandonner son sigle. MSF France sera déboutée et ne fera pas appel.

En 1982, alors que MSF France est déjà présente au Tchad en mettant sur pied une mission médicochirurgicale au cœur du maquis tenu par les rebelles, MSF Belgique intervient aussi dans le pays, à la demande de la Commission européenne, saisie par le Gouvernement tchadien. La mission consiste à reconstruire et à réorganiser l'ensemble des structures sanitaires du pays, treize hôpitaux et une centaine de dispensaires ! Le tout financé par l'Europe qui met à la disposition de la cinquantaine de volontaires une logistique exceptionnelle avec, notamment, un avion Cessna ! Les pilotes ? « À MSF Belgique, travaillait Claire Bourgeois », explique Philippe Laurent. « Son frère était pilote. Il faisait partie du pool des vingt-cinq pilotes qui se sont relayés sur nos deux avions, d'abord un Cessna puis un BN2. Dans les crédits qui nous avaient été alloués, des heures de vol étaient prévues à 4.000 francs belges à l'heure de vol (soit approximativement 100 euros). Et les financements étaient garantis pour deux ans. ASF France, qui était l'opérateur aérien d'une mission entièrement pilotée depuis Bruxelles, a alors acheté les avions. Mais, parmi les vingt-cinq pilotes qui se succédèrent, il y avait beaucoup de Belges. » C'est là que se nouent les premiers contacts qui attesteront de la création d'Aviation sans Frontières Belgique. Celle-ci a lieu en 1983, après une première mission à N'Djamena menée, en étroite collaboration avec ASF France, par Michel Bourgeois, Gilles de Lichtervelde et Paul Renkin, « pour voir comment travaillaient les Français ». « MSF Belgique apportait toutes ses connaissances et son appui administratif à ces pilotes. En boutade, on leur disait que bientôt ils voleraient de leurs propres ailes. » C'était quasi chose faite. Parmi les fondateurs, qui ont signé l'acte de constitution (Moniteur Belge du 14 mars 1983), on retrouve Michel Bourgeois, Philippe Laurent, Gilles de Lichtervelde, Patrick Van Dessel, Paul Renkin, Joël Gubin, Philippe Carlier, Jean-Pierre Notte, Bert Zegels, Claire Bourgeois, Pierre Jottrand, Marc De Vusser. Les pilotes du Tchad sont évidemment de la partie : Léon Didden, Paul Lardinois, Jean Dromart, Renier Snoy. Sans oublier Patrick Fecheyr-Lippens, le premier secrétaire général. L'aventure d'ASF Belgique pouvait débuter.

Éthiopie.
Somalie, Mogadiscio.

Les pistes se confondent souvent avec le sable.
Premier départ d'un C-130 de l'Armée belge pour le Tchad.

Déchargement de matériel humanitaire à Mongbwalu (RDC).

Léon Didden et une petite fille retrouvée sur le seuil d'une porte en Erythrée.

Burundi. Un jour avant le début du génocide.

Dispensaire. Maintenance (Tchad).

Camps de réfugiés somaliens au Nord-Kénya.

Fueling pour évacuation du personnel MSF. (Mogadiscio).

N'djamena.

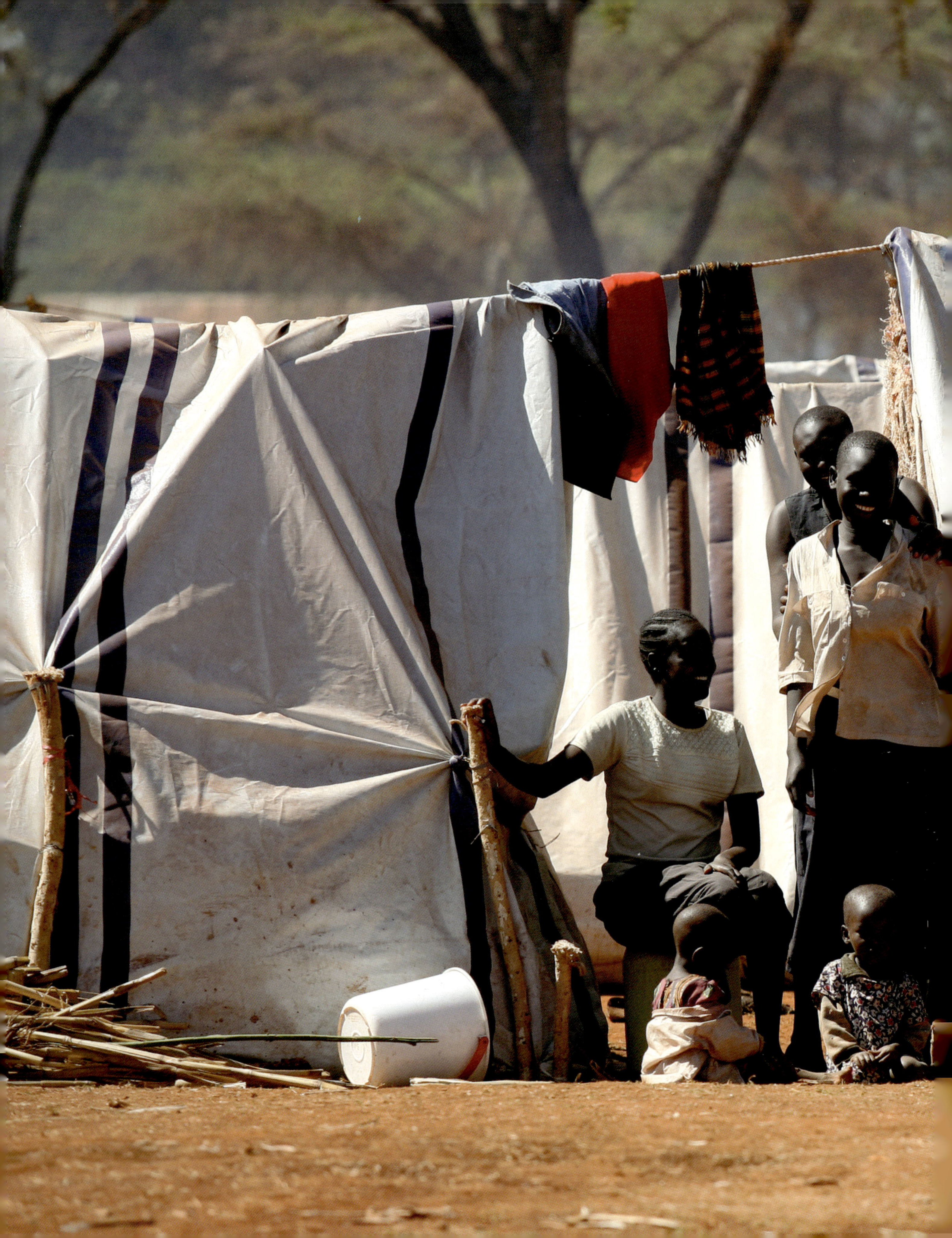

40 & 41 / CHAPITRE 4

1982–1988 : ASF BELGIQUE, LE LANCEMENT

DE GRIMBERGEN À N'DJAMENA

DE GRIMBERGEN À N'DJAMENA / 42 & 43 / CHAPITRE 4

« C'est au bar de la compagnie "Publi-Air" à Grimbergen un soir de 1982 que tout a commencé », explique Paul Renkin. « J'étais responsable de l'école de pilotage d'Abelag Aviation. Il y avait, sur cet aérodrome, l'école d'aviation civile de l'Administration de l'Aéronautique, ainsi que différentes compagnies privées. C'est là que tout le microcosme de l'aviation se rencontrait. » Ce soir de 1982, Michel Bourgeois évoque un sujet qu'il a déjà longuement débattu avec sa soeur Claire, cofondatrice de Médecins sans Frontières Belgique, et avec son ami Gilles de Lichtervelde, pilote de ligne comme lui à la TEA. MSF Belgique, qui a une mission importante au Tchad, recherche désespérément des pilotes pour assurer le transport d'une soixantaine de médecins dans le cadre d'opérations d'urgence s'inscrivant dans un contexte de guerre civile et de grande sécheresse. Les pilotes belges présents sont tous enthousiastes. Tant par l'opportunité de voler « pour la bonne cause » que par celle de voler en Afrique. Tous ont déjà une expérience du continent, tous sont envoûtés…

DANS LES GRENIERS DE MSF

La création d'ASF Belgique est en gestation… Lors de leur mission exploratoire au Tchad, Michel Bourgeois, Paul Renkin et Gilles de Lichtervelde y rencontrent Alain Gréard, un des fondateurs d'ASF France, qui volait déjà avec un avion sur place. Gréard est très réceptif à l'idée de ses confrères de créer une section belge. Ils feront ensemble un premier vol de reconnaissance, remontant le fleuve Niger à basse altitude, au départ de Tombouctou.

De retour en Belgique, la décision se prend un soir chez Abelag Aviation, à Grimbergen : ASF Belgique naît donc le 14 mars 1983. Sa première adresse ? « Le garage de Michel Bourgeois, le premier président, au n° 1337 de la Chaussée de Waterloo. Étant tous bilingues, nous avons décidé que notre association serait alinguistique. » Parmi les fondateurs, les docteurs Philippe Laurent et Claire Bourgeois, preuve du soutien total de MSF Belgique. « Le siège d'ASF Belgique déménagera vite dans les greniers de MSF, rue De Schampheleer, 24-26 », précise Léon Didden, « J'y ai apporté la machine à écrire. »

L'association se met en route. Paul Renkin s'occupe des opérations. Patrick Van Dessel est responsable financier et tient les comptes qui seront bientôt alimentés par des dons privés en provenance de *Service Clubs* (Rotary, Lions, Kiwanis, 51,…) auxquels Léon Didden rend visite. Les premiers mécènes se manifestent tandis que les sociétés belges d'aviation consentent d'importantes réductions sur les billets des lignes régulières aux pilotes ASF Belgique qui partent en mission.

LES GRANDES FAMINES DU SAHEL

En 1984 débute la première mission, au Mali, où deux millions de personnes sont durement affectées par la sécheresse. Pour cette première, ASF Belgique unit ses forces à celles d'ASF France. Gilles de Lichtervelde, appelé en renfort par les Français déjà sur place, est le premier Belge à ouvrir la mission. Basés à Bamako, les pilotes belges et français se succèdent aux commandes d'un Cherokee 6, immatriculé TU-TVO, loué à Abidjan, puis aux commandes du Cessna 206 Roméo Sierra d'ASF France. « Les missions duraient un mois. Nous y avons envoyé une vingtaine de pilotes », explique Paul Renkin. « Les deux premiers étaient Yves Cluckers et Jean Dromart. L'avion était équipé de frigos. Nous convoyions les volontaires des Iles de Paix et les équipes de l'UNICEF ainsi que les médecins et les vaccins vers les villages inaccessibles par voie terrestre. » La mission a duré quatre ans. Quatre organisations humanitaires ont bénéficié des services d'ASF Belgique. En 1988, les compagnies commerciales sont de retour. L'économie locale reprend ses droits. « La règle, au sein d'ASF Belgique, est claire : l'association ne vole que là ou d'autres ne volent pas. Quand la situation se normalise, l'humanitaire cède la place. »

À ASMARA, EN ÉRYTHRÉE

En 1985, ASF Belgique se lance dans sa seconde mission, en Éthiopie, cette fois à la demande expresse de MSF Belgique. La situation y est désespérée. Au nord du pays, la guerre civile avec l'Érythrée, annexée en 1961, perdure depuis plus de vingt ans. En 1984, le gouvernement de Mengistu Haile Mariam avait déplacé des milliers de villageois dans les régions du sud, afin de vider les zones contrôlées par la rébellion tigréenne qui s'est engagée dans une guérilla incessante contre le pouvoir en place. Ces déplacements provoqueront la mort de 100.000 personnes.

MSF installe des hôpitaux dans le nord, en Érythrée, et dans le sud, au Tigré. Léon Didden, devenu président d'ASF Belgique, ouvre la mission. À Addis-Abeba, il loue un bimoteur Piper Aztec, rapidement remplacé par un « bushplane » Cessna 185. L'avion sera ensuite basé à Asmara, capitale de l'Érythrée. Le premier pilote est Marc Lemoine. Ce dernier se rend compte de la difficulté des opérations : le pays est montagneux, les routes peu sûres et en piteux état. « Il fallait transporter les volontaires de MSF pour estimer les besoins et évaluer les sites d'intervention où les médecins allaient soigner les populations. » Le Cessna 185 avec roulette de queue a encore une distance de décollage trop longue. Le CICR, également sur place, vole à bord d'un avion à turbine Pilatus Porter, de fabrication suisse, géré par la Zimex Aviation. « Une machine exceptionnelle. Sa distance de décollage est la plus courte du monde : cent mètres, avec une tonne de fret ou dix passagers. ASF Belgique loue l'appareil à partir d'avril 1986, une opération rendue possible grâce à la clairvoyance de Brother Bullo, un salésien italien qui coordonnait toute l'aide catholique pour l'Érythrée et le Tigré. Un chrétien qui soutenait le Pilatus. Un homme extraordinaire. » Paul Lardinois, appuyé de Marc Meuleman et Louis Lekeu, piloteront le Pilatus, et la mission suivra son cours jusqu'en avril 1988 quand toute la communauté humanitaire (MSF, les missions catholiques du Tigré, *World Vision* et Action Internationale contre la Faim) est expulsée *manu militari* par les autorités.

Paul Lardinois, actuel administrateur de l'association, se souvient de cette époque riche en évènements : « Après avoir effectué une première mission pour ASF Belgique au Mali, Paul Renkin me proposa de rejoindre la mission qui venait de s'ouvrir en Ethiopie. Pour opérer le Piper Aztec et le Cessna 185, j'ai tout d'abord dû obtenir une licence éthiopienne. Ces avions étaient limités dans leur capacité d'emport et dans leur puissance, compte tenu de l'altitude des pistes. Nous avions donc décidé de louer un Pilatus, mieux adapté aux conditions de vol en Ethiopie. À son bord, nous pouvions

DE GRIMBERGEN À N'DJAMENA / CHAPITRE 4

transporter une tonne de farine alimentaire. En outre, les besoins auxquels nous étions confrontés étaient gigantesques tant au Tigré qu'en Erythrée. »

Du fait de la guérilla et de la guerre civile, le gouvernement éthiopien tenait à conserver un contrôle absolu sur les acteurs humanitaires. Pour travailler dans le pays, chaque organisation devait obtenir la reconnaissance des autorités et leur légitimité était sous tutelle de la « *Relief Rehabilitation Commision* ». « Au sein de cette commission, il y avait bon nombres de fonctionnaires conscients des effets de la guerre et de la sécheresse sur les populations isolées. En plein drame humanitaire, il nous était loisible d'obtenir de leur part un certain degré de souplesse dans la mise en œuvre de nos opérations aériennes, malgré le fait que l'on nous avait imposé la présence d'un officiel à bord de chacun de nos vols », renchérit Paul Lardinois.

Il fallait néanmoins développer son propre système d'« intelligence » afin d'éviter les manipulations et d'être contraint d'agir à des fins autres qu'humanitaires. L'unique objectif était de parvenir à répondre aux besoins nutritionnels et médicaux identifiés par les partenaires d'ASF Belgique, tels que MSF ou les frères salésiens qui étaient particulièrement actifs dans la région. Paul Lardinois avait réussi à se fondre dans le paysage et, assurant la neutralité des opérations entreprises par ASF Belgique, avait gagné le respect de toutes les forces en présence, régulières et rebelles. Au même titre que ses collègues aviateurs Marc Meuleman et Louis Lekeu, Paul était, au gré de ses vols quotidiens, en mesure d'assurer la sécurité des passagers et d'informer les acteurs humanitaires de l'évolution de la sécurité et des conditions de vie des populations isolées.

DU GROS C130 AU PETIT CESSNA

Afin de garantir l'acheminement de l'aide d'urgence en Éthiopie, ASF Belgique négocie un accord avec l'Armée belge : le personnel humanitaire accompagne gratuitement les C130 qui rejoignent la région avec des vivres et du matériel, collecté grâce à la générosité du public belge et des *Service Clubs*. « Chez MSF, on était assez antimilitaristes. C'était l'esprit de l'époque. Alors c'est ASF Belgique qui affrétait les C130, notamment à destination du Soudan où, tout le long de la frontière, s'étaient massées les populations tchadiennes. Une heure de vol coûtait 67.000 francs belges (1.661 euro). Le C130 était spartiate : les passagers s'installaient avec leur paquetage où ils trouvaient de la place. Il n'y avait pas de sanitaire, et le vol durait seize heures. »

Jusqu'alors, ASF Belgique affrétait uniquement des avions de location. Si, lors des missions de reconnaissance avec ASF France au Tchad, les Français avaient prédit aux Belges qu'ils voleraient bientôt de leurs propres ailes, c'est chose faite au Tchad justement, où ASF Belgique repart en 1987 après avoir acquis deux avions dont un Cessna ayant appartenu à ASF France et qui volera sous l'immatriculation belge OO-ASF.

AU TCHAD AVEC « FLOPPY » STORDEUR

Depuis Bruxelles, Léon Didden et sa secrétaire, Ludivine, s'occupent de toute l'organisation. MSF Belgique intervient au Tchad alors que le pays dirigé par Hissène Habré reconquiert la bande d'Aozou (Nord) occupée par les forces libyennes depuis 1973. En définitive, ASF France cède la mission à ASF Belgique. Jean-Luc « Floppy » Stordeur, ancien pilote F104, et son épouse coordonnent les opérations sur place. « Chaque matin, nos deux avions étaient prêts : le premier avec le chirurgien, son infirmière et le personnel MSF, le deuxième avec le matériel chirurgical. Nous nous levions à l'aube. Le décollage de l'aéroport de N'Djamena, sous contrôle des militaires français, avait lieu à six heures après inspection de l'avion. Celui-ci était sous la surveillance permanente de deux gardes qui dormaient sous l'appareil. Quand nous arrivions, le plein était fait et les avions étaient prêts à décoller. » Débutait alors la tournée des aérodromes. « On montait à 8.000 pieds pour trouver de la fraîcheur. Voler à midi était tout simplement impossible. »

Atterrissage, mise en sécurité de l'avion, installation de la salle d'opérations. « Les équipes chirurgicales mobiles travaillaient toute la journée, tandis que les médecins auscultaient les malades et que les infirmières vaccinaient à tour de bras. On repartait pour arriver avant la nuit à N'Djamena, en prévenant l'Armée de l'Air française pour éviter les mauvaises rencontres. Le soir, la communauté humanitaire se retrouvait autour d'un verre de bière. Et on recommençait le lendemain. » C'étaient des missions d'un mois dont tout le monde (médecins, infirmiers, pilotes) revenait avec une formidable expérience de vie.

LES ENFANTS SOLDATS DU MOZAMBIQUE

En 1987, l'ONG américaine *Save the Children* (dont est membre le docteur Neil Boothby, qui aura l'honneur d'être désigné « personnalité humanitaire de l'année » deux ans plus tard par le Comité international de la Croix-Rouge), fait appel à ASF Belgique pour une mission au Mozambique. Depuis 1972, le pays est ravagé par une guerre civile sanglante. Des mines antipersonnel sont disséminées sur une partie importante du territoire, rendant les déplacements terrestres particulièrement périlleux. « J'ai rencontré le docteur Boothby à New York », explique Léon Didden. « Le premier contact a été excellent. Nous nous sommes vite mis d'accord sur la mission dans ce pays. De nombreux jeunes enfants étaient enlevés par le mouvement de résistance nationale qui les soumettait ensuite à un entraînement militaire, destiné à en faire de véritables combattants. Il était urgent de tout entreprendre pour les désenrôler et assurer leur réinsertion. »

Léon Didden ouvre la mission, mais c'est Jean-Pierre Laubach qui la conduit sur place. Cet ingénieur en télécom travaillait à l'Eurovision à Bruxelles. Quand celle-ci part pour Genève, ce passionné d'aviation ne déménage pas. Il prend son bimoteur pour aller travailler ! Pour participer à la mission au Mozambique, il s'accorde un an de congé sans solde. « J'ai d'abord loué un avion sur place avec un pilote mozambicain », explique Léon Didden. Toujours un Cessna. « Puis j'ai amené notre OO-ASF, et l'association a racheté, au Zaïre, un deuxième Cessna qui a été immatriculé OO–PZG pour *Piloten zonder Grenzen.* »

Les avions d'ASF Belgique sont basés à Maputo avec une base de repli à Nelspruit en Afrique du Sud.

Sur place, les opérations ne sont pas sans risque. Les avions permettent d'atteindre les villages encerclés par les guérillas. « Il est arrivé que l'avion revienne avec treize enfants, orphelins ou enfants-soldats, âgés entre huit et douze ans. À Maputo, on avait le sentiment qu'il n'y avait plus que des enfants sans parents. *Save the Children* photographiait tous les enfants et apposait d'immenses affiches sur les murs de la ville pour informer les familles. Les avions, eux, ne restaient jamais au sol. Lors des atterrissages, les enfants accouraient, non sans danger, à la rencontre du Cessna et du pilote d'ASF Belgique. Il fallait les embarquer et repartir au plus vite. »

L'action conjointe d'ASF Belgique et de *Save the Children* s'étend aussi à l'opération de réhabilitation des structures de santé que mène MSF Belgique dans le pays. « Nous desservions l'hôpital de Chai-Chai. Pour se poser, il n'y avait alors pas grand-chose : MSF recherchait et trouvait une route droite, mettait une jeep en début et en fin de piste. L'avion atterrissait, chargeait et décollait aussitôt. Les secours venaient du ciel. »

Convois routiers enclavés. Isolement des populations dans les camps.

L'espoir vient toujours du ciel.

Feeding center.

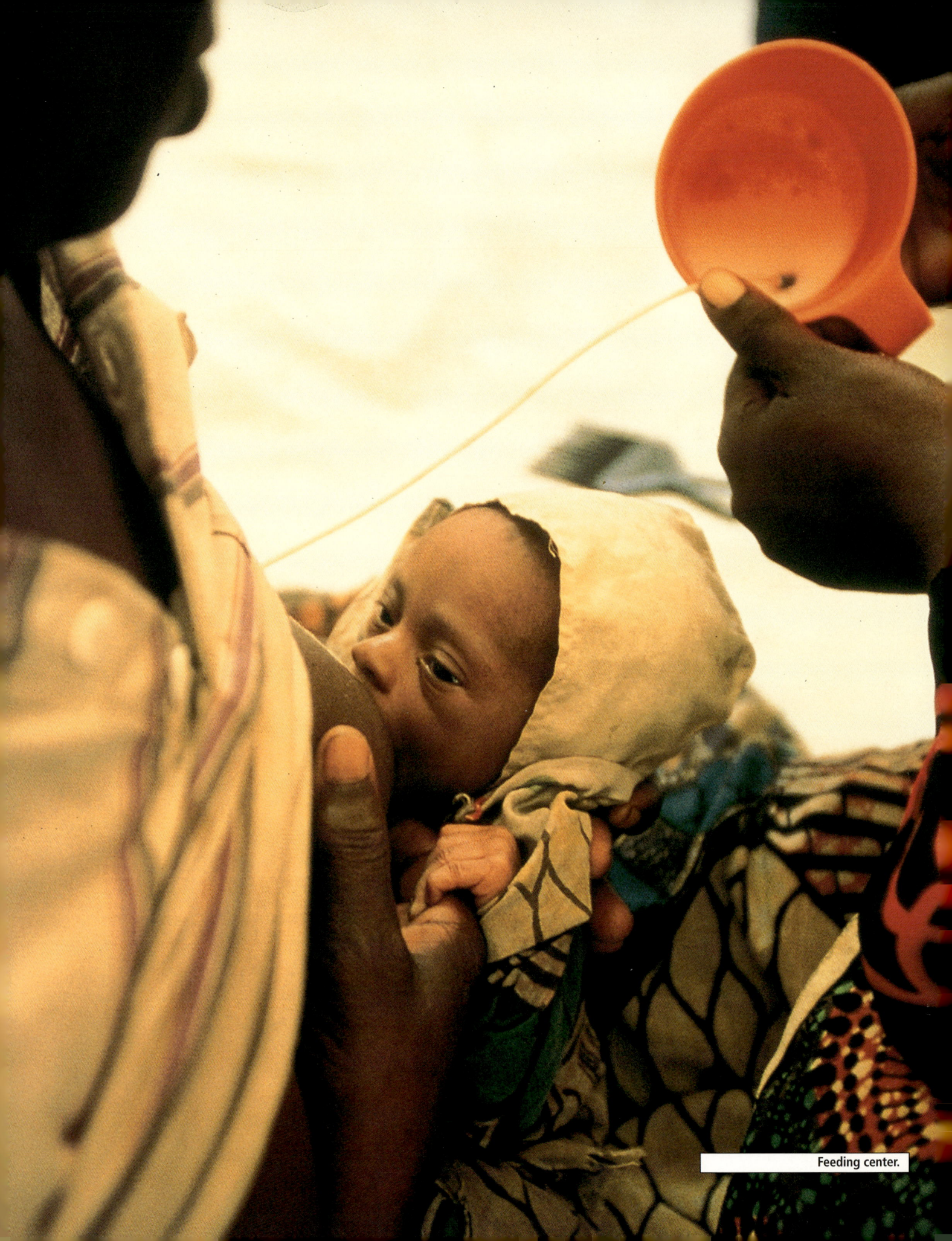

Camps de réfugiés somaliens à Wagir (Kénya).
Armoire volante.

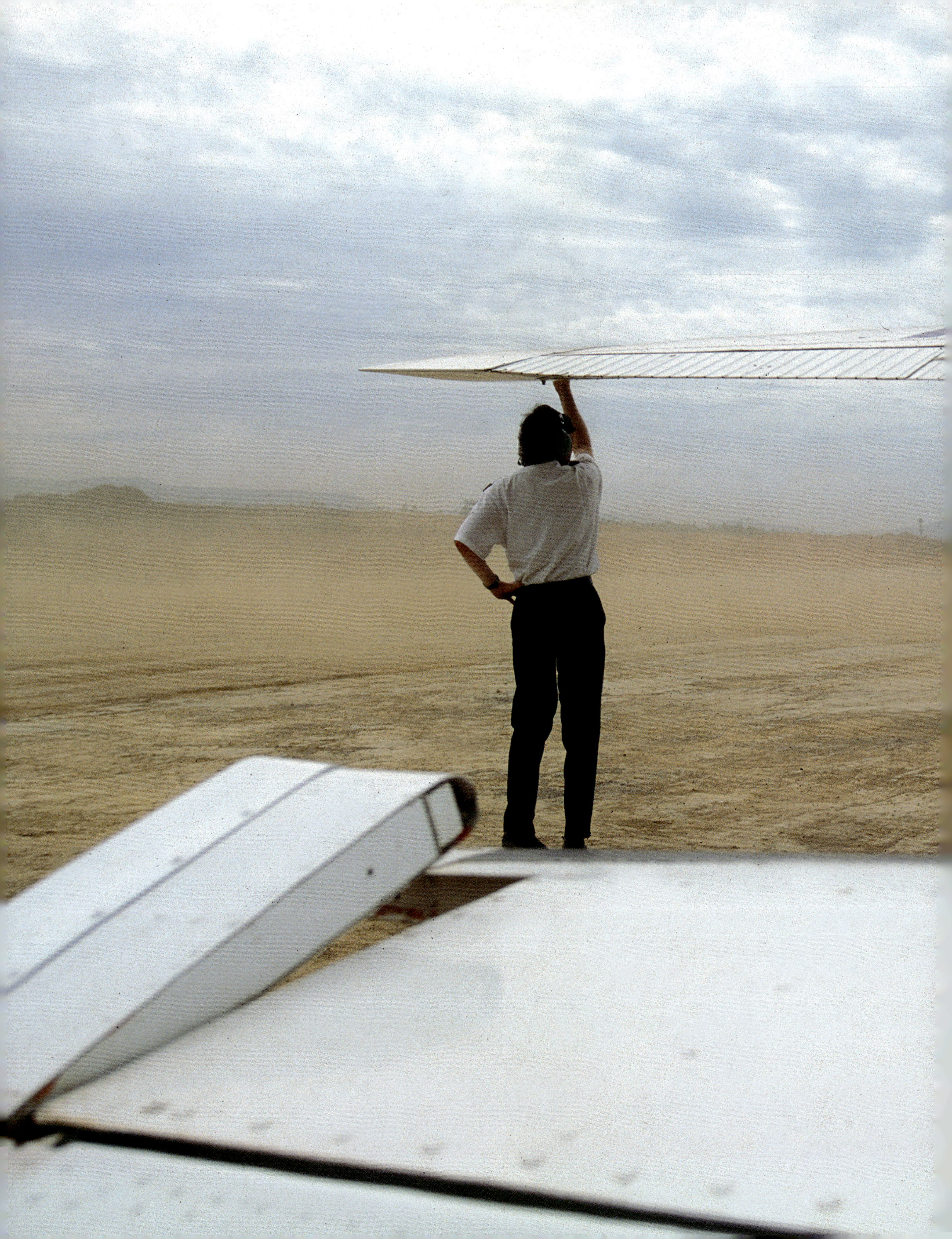

CHAPITRE 5

50 & 51

1988–2000 : DANS UN MONDE EN MUTATION

FACE À L'URGENCE

Comme précédemment indiqué, l'intérêt humanitaire de l'aviation légère dans le cadre de missions d'urgence et de réhabilitation est double : c'est un outil de désenclavement et un catalyseur de développement. L'action des urgentistes et des acteurs du développement, tant la distribution de l'aide que la supervision des programmes humanitaires, peut être entravée par les difficultés de transport et le déplacement par voie terrestre ou fluviale. Par son intervention, ASF Belgique offre un transport sécurisé des personnes et du fret. L'avion permet donc un transfert des compétences techniques et médicales, une plus grande efficacité du personnel humanitaire, une présence prolongée des équipes sur les sites d'intervention, la réalisation des missions d'évaluation, l'accès aux zones isolées où les liaisons routières ou fluviales sont inopérantes, voire inexistantes.

En d'autres termes, la performance des organisations humanitaires est accrue grâce aux pilotes d'ASF Belgique et les populations isolées en sont les principales bénéficiaires.

TROIS JOURS DE MARCHE, TRENTE MINUTES EN AVION

En 1988, une intervention humanitaire hors du commun est lancée par ASF Belgique en Équateur, dans la province de Napo, du nom d'un affluent du fleuve Amazone. L'association s'y engage cinq années durant dans un programme d'ambulance aérienne, financé à hauteur de 25 % par ASF Belgique et de 75 % par l'Administration générale de la coopération au développement (Gouvernement belge).

Dans la forêt équatorienne vit une importante communauté amérindienne, parlant le quechua, composée de deux millions de locuteurs dont une bonne partie est totalement encerclée par la jungle. Elle a peu de contacts avec la « civilisation ». La fièvre d'un enfant, la piqûre d'un insecte, la morsure d'un animal, un rien peut être fatal. D'où l'évidence, pour ASF Belgique, d'y offrir un service d'ambulance aérienne. « Il faut trois jours de marche pour rejoindre une tribu, à peine trente minutes en avion. En collaboration avec COOPI (ONG italienne) qui a procédé à l'aménagement des pistes, à l'équipement de stations et à la formation d'un opérateur radio au sein de chaque groupe (généralement le maître d'école), nous intervenions à tous les appels au secours », explique Léon Didden, alors président d'ASF Belgique. « L'opérateur quechua contactait notre base par radio et nos avions décollaient. Cela n'arrêtait pas : il y avait une cinquantaine de villages à désenclaver. »

UN DIPLOMATE EN AMAZONIE

Deux Cessna 206 furent achetés aux États-Unis et convoyés jusqu'à Quito, la capitale de l'Equateur, où ils furent immatriculés. Après avoir traversé les Andes, ils furent basés aux portes de la forêt amazonienne, à Puyo (province de Pastaza). USAID (l'agence étasunienne de développement international) y avait financé la construction d'un hôpital. « Une fois de plus, le Cessna 206 était l'avion idéal : il se posait sur cinq cents mètres, même derrière un rideau d'arbres. ASF Belgique fournit d'abord les pilotes puis assura ensuite, aux États-Unis, la formation de pilotes, de mécaniciens et de coordinateurs de vols équatoriens. »

Les Quechuas ont très vite assimilé l'intérêt des secours aériens et l'importance stratégique de l'avion, malheureusement aussi à des fins de propagande personnelle. Quelques chefs amérindiens ont alors tenté de réquisitionner les avions. « Nous étions engagés dans la troisième année de notre programme mais les tensions étaient fortes. J'ai donc demandé à un ami pilote, Philippe Dehennin, de mener une mission diplomatique qui était plus dans ses cordes que dans les miennes » reconnaît Léon Didden.

En 1988, Philippe Dehennin est alors un nouveau membre d'ASF Belgique. Il effectue des missions de supervision accompagné d'un représentant de l'AGCD. Fils de diplomate, polyglotte, il est désigné pour entamer une médiation avec l'ambassadeur de Belgique à Quito, Marc Franck, et son attaché Luc Sanders. Les négociations permettent de poursuivre les opérations pendant un an mais, lors de la quatrième année, ASF Belgique doit tout arrêter. « La sécurité de notre personnel n'était plus garantie, et nous n'étions plus dans l'articulation première de la mission. Avec l'accord de l'AGCD, nous avons cédé les deux avions aux bénéficiaires. La mission est aujourd'hui supervisée par l'organisation *Wings of Hope*, une consœur américaine créée en 1962. Elle tourne toujours et ASF Belgique est heureuse d'avoir été la pionnière », conclut Léon Didden.

APRÈS LE GÉNOCIDE
La mission qui s'ouvre en 1994 dans la région des Grands Lacs s'inscrit dans une situation d'urgence sans précédent conséquence des conflits interethniques qui se sont déclenchés le 6 avril 1994 au Rwanda, après l'assassinat du président rwandais Juvénal Habyarimana et du président burundais Cyprien Ntaryamira. MSF a besoin d'un soutien aérien dans toute la région. Depuis Bruxelles, Léo Van Hover analyse les besoins, tandis que Léon Didden se rend sur place pour ouvrir la mission. ASF Belgique achète, grâce au soutien de ses donateurs, un bimoteur, Britten-Norman Islander 2A à ASF France et le base à Kigoma (Tanzanie), sur les rives du lac Tanganyika où il est affecté au transport exclusif du personnel MSF. Quatre pilotes s'y succèderont : les Namurois Claude Cheilletz et Patrick Deliens et les Bruxellois Nicolas Peeters et Serge Challe. « Avec Serge Challe, nous avons posé un des premiers avions humanitaires à l'aéroport de Kigali en août 1994 : Flight number UN. J'avais connu Kigali auparavant : La ville était méconnaissable ! Il n'y avait pas un bâtiment de l'avenue centrale sans traces de dégâts d'obus ou de tirs d'armes légères », se remémore Philippe Dehennin.

Sur le terrain, hors de la capitale, la guerre n'est pas terminée. Des massacres continuent à être perpétrés et deux millions de personnes se sont réfugiées dans les pays voisins, notamment dans le camp de Ngara, en Tanzanie. « Trois cent mille réfugiés étaient concentrés dans un seul camp aux conditions précaires. Un défi sanitaire et logistique invraisemblable pour les médecins de MSF. C'est là que, pour la première fois de ma vie, j'ai vu des pilotes pleurer d'épuisement. Ils faisaient deux ou trois rotations par jour depuis Mwanza avec des médicaments, des rations alimentaires, des kits de vaccination et du matériel chirurgical », explique Philippe Dehennin. ASF Belgique effectuait aussi des missions de photographie aérienne. « Il s'agissait de survoler les camps pour estimer, par densimétrie, le nombre de réfugiés. »

L'avion d'ASF Belgique acheminait aussi les équipes de médecins en début et en fin de mission. « Un humanitaire qui travaille trois mois dans de telles conditions rentre chez lui physiquement et psychologiquement vidé. Il y avait donc une grande rotation de personnel. Nous les ramenions à Bujumbura où ils prenaient, parfois dans un triste état, le DC 10 à destination de Bruxelles. » La mission s'est achevée à la mi-1995. Philippe Dehennin en avait assuré le contrôle à six reprises. Dans sa lettre du 15 décembre 1999 adressée au président du Conseil de sécurité, Koffi Annan, alors secrétaire général des Nations unies, déclara que quelque 800.000 Rwandais, en majorité d'ethnie tutsi, avaient trouvé la mort en 1994.

LES DIAMANTS DU SANG

En temps normal, le mécanicien itinérant d'ASF Belgique, Christian Gossiaux, file en Afrique pour les maintenances mais, en 1995, le Britten-Norman doit être convoyé à Bruxelles pour y être inspecté par l'Administration belge de l'aéronautique et obtenir le renouvellement de son certificat de navigabilité. À peine révisé, il repart, en fin d'année, direction la Sierra Leone où règne une guerre civile dont l'enjeu est le diamant. Pour la première fois, ASF Belgique est impliqué dans un conflit dont le moteur est l'appropriation des richesses du sous-sol. « Le film *Blood Diamond* est très réaliste dans son évocation du conflit. Il explique avec clarté l'influence des puissances étrangères intéressées par les économies d'extraction. Ces puissances agissent par l'entremise de milices armées encadrées de mercenaires. » La recherche du diamant se fait comme il n'y a pas encore si longtemps en Europe, pour le charbon de surface : d'immenses racleuses retournent le sol sur des kilomètres. Les populations qui contestent sont déplacées de force.

Depuis quatre ans, une guerre civile est menée par le groupe armé *Revolutionary United Front* mené par le sanguinaire Foday Sankoh qui bénéficie de l'appui de Charles Taylor, président du Liberia. Leur objectif est purement vénal : prendre le contrôle des mines de diamants. Leur méthode ? La terreur. Des milliers de personnes sont délibérément amputées des mains pour être empêchées de travailler et surtout de voter. Plus de deux millions de personnes ont été déplacées à l'intérieur du pays. Des enfants, garçons et filles, des femmes ont été kidnappés. Les garçons ont été enrôlés de force comme enfants soldats. Les filles et les femmes sont devenues les esclaves sexuelles de troupes barbares.

Grâce à des fonds onusiens et européens, MSF se mobilise et appelle ASF Belgique. Ann Leye et Johan Danneel sont aux commandes du Britten Norman d'ASF Belgique. Eric Vormezele est aussi de l'aventure et emmène avec lui des pilotes retraités de l'Armée belge. La mission se termine dix-huit mois plus tard dès lors que les compagnies d'aviation commerciales ont repris du service. « Quand elles reviennent, ASF s'en va. Conformément à notre mandat, nous volons uniquement là où personne ne va », rappelle Philippe Dehennin.

UN ATTENTAT ÉVITÉ DE JUSTESSE

En 1997, ASF Belgique ouvre une mission en province Orientale (la plus grande que compte la République démocratique du Congo) mais elle y vole à peine 132 heures. Et pour cause, une étrange histoire survient contre toute attente. Elle n'est d'ailleurs toujours pas élucidée à ce jour. L'archidiocèse de Kisangani (capitale de la province), placé sous l'autorité de Mgr Monsengwo, dispose d'un Cessna 206 immatriculé 9Q–COK, don d'une ONG canadienne dont le pilote est rentré

FACE À L'URGENCE / 54 & 55 / CHAPITRE 5

au pays. Mgr Monsengwo se tourne alors vers ASF Belgique et demande à ses administrateurs de fournir un pilote pour assurer le transport aérien indispensable aux opérations humanitaires de Caritas. Contact est pris avec la consœur ASF France qui dispose d'un pilote disponible immédiatement, Georges Gonnet.

Le 21 mars 1998, le Cessna 206 est détruit au sol, percuté par un camion de la régie des voies aériennes congolaise qui, cabine renversée, a foncé, sans conducteur, sur l'avion. Le Cessna est irrécupérable mais, heureusement, ASF Belgique l'avait assuré « tous risques ». La rumeur se répand alors à toute allure : l'avion devait être « descendu ». Georges Gonnet prétendra toujours qu'en provoquant cet accident, l'homme qui travaillait sur le camion voulait lui sauver la vie. Il revient finalement en Europe, mais Mgr Monsengwo s'acharne. Il demande à ASF Belgique de soutenir les opérations de Caritas qui ne peuvent être menées sans un pilote et un avion.

Michel Bourgeois et Philippe Dehennin décident de tirer cette affaire au clair. Ils rejoignent Kigali avec la Sabena. À peine arrivés, ils montent dans une voiture, à trois heures du matin, pour rejoindre Goma (Zaïre), ville bordée par le lac Kivu où ils doivent prendre, à l'aube, un vol de l'ONU à destination de Kisangani. En uniforme de pilote, Michel Bourgeois et Philippe Dehennin en imposent naturellement grâce à leurs galons et passent un par un les barrages qui jalonnent la route. Arrivés avant l'ouverture de la « Corniche » (poste-frontière séparant la ville de Gisenyi, au Rwanda, de la ville de Goma, au Zaïre), ils décident de prendre un petit-déjeuner à l'hôtel Méridien. « L'hôtel avait été fortement endommagé par les combats. Personne n'y séjournait, hormis le personnel qui dormait sur place. Quand nous sommes arrivés, on nous a préparé un petit-déjeuner avec du café, des œufs durs et des fruits. On se souviendra de ce petit-déjeuner : une heure plus tard, on était en prison ! »

DANS UN CACHOT À GOMA

Le même jour, Laurent Désiré Kabila lançait son entreprise de conquête du Zaïre, de l'est vers l'ouest. Il avait investi Goma comme siège provisoire. La zone était totalement militarisée. « Quand nous nous sommes présentés à la douane congolaise, les préposés de l'Alliance des Forces démocratiques pour la Libération du Congo (AFDL) emmenée par Kabila nous ont pris pour des mercenaires. Nous disposions de passeports officiels du Ministère des Affaires étrangères et ils les ont pris pour des faux. Manque de chance, nos ordres de mission étaient malencontreusement mal datés. Trente minutes plus tard, nous étions embarqués dans la benne d'un camion et jetés dans un cachot. »

C'est là que Michel Bourgeois fait jouer ses relations. « Tandis que de longues heures s'écoulent, on "fraternise" avec les gardes quand Michel leur dit qu'il connaît quelqu'un à Goma. C'est un notable belge de Goma, ex-homme de confiance d'une famille belge propriétaire des plantations de café des plaines de Katale. Un gardien s'en va prévenir sa hiérarchie qui, stupéfaite d'apprendre que les "mercenaires" sont connus à Goma, prévient ce notable. À la tombée de la nuit, on était libres. Quelques heures plus tard, nous prenions un verre dans un bar avec notre sauveur et Colette Braeckman, la journaliste du *Soir*. »

N'ayant pu arriver à temps pour prendre le vol ONU à destination de Kisangani, Philippe Dehennin est contraint de faire demi-tour. Il rejoint l'Ouganda, via le Rwanda. Il y embarque dans l'A330 de la Sabena à destination de Bruxelles. L'avion fait escale à Nairobi où monte à bord Michel Bourgeois qui était resté à Goma et y avait pu profiter d'un vol direct de l'ONU Goma-Nairobi. « Il revient avec une information primordiale : Nous avons le feu vert pour ouvrir une mission au service de Caritas ». Mais on ne connaît toujours pas le fin mot de l'histoire de l'accident au sol qui sauva la vie à Georges Gonnet.

AU CŒUR DES TÉNÈBRES

En province Orientale, ASF Belgique répond au plus pressé en approvisionnant, pour le compte de Caritas, les centres de santé en brousse de matériel médical qui leur permet de soigner des centaines de milliers de personnes délaissées par la communauté internationale. Très rapidement, les rares organisations humanitaires présentes dans la région – dont MSF, le CICR, l'Unicef, Merlin et Medair – sollicitent les services d'ASF Belgique.

Malgré l'intervention de ces quelques organisations, le bilan de cette période trouble de l'histoire du Congo est singulièrement sinistre. La guerre au Congo est la plus meurtrière depuis la Seconde Guerre mondiale.

D'après les ONG *International Rescue Committee* et *Human Rights Watch*, le nombre de civils congolais qui y ont trouvé la mort depuis le début des hostilités en 2006, s'élève à près de quatre millions de personnes. Ce nombre, corroboré par les Nations unies, ne tient pas compte des populations déplacées, soumises à la famine généralisée, à la maladie et aux exactions perpétrées par les autorités et les forces étrangères d'occupation.

C'est à cette époque que Jean-Marc Bourgeois, frère de Michel et pilote de la Sabena, vole pour ASF Belgique en province Orientale. Avec son copilote Luc Wynants, il tombe dans un guet-apens à Lokutu. Les milices les séquestrent une semaine, suscitant l'émoi des médias, jusqu'en Belgique. Jean-Marc est dans un triste état : il est atteint de malaria cérébrale. L'intervention discrète du père Aurelio de Kisangani aura raison de l'acharnement des milices à séquestrer les deux pilotes. Leur retour est accueilli par les équipes de télévision, présentes en masse à l'arrivée de l'Airbus qui les ramène d'Afrique.

En 1999, la mission en République démocratique du Congo, sur Cessna puis sur Britten-Norman Islander (BN2), se poursuit en zone rebelle, exclusivement avec MSF. Elle vise à assurer la distribution de médicaments et l'approvisionnement des centres nutritionnels des différentes zones de santé de la province Orientale. ASF Belgique est l'outil indispensable du programme ambitieux « Pool d'Urgence Congo (PUC) » chargé de la détection et de l'éradication des épidémies (Ebola, Marburg, rougeole, etc.). Ceux qui se relayent, Justus Rinnert et Jacques Jacquet, sont de véritables pilotes de brousse. Leur courage participe incontestablement à renforcer la notoriété d'ASF Belgique dans la région.

Arrivé en RDC en 1997, ASF Belgique y est toujours en 2008, soit onze ans plus tard !

Navigation à vue.

Pierre Deltenre au Mozambique.

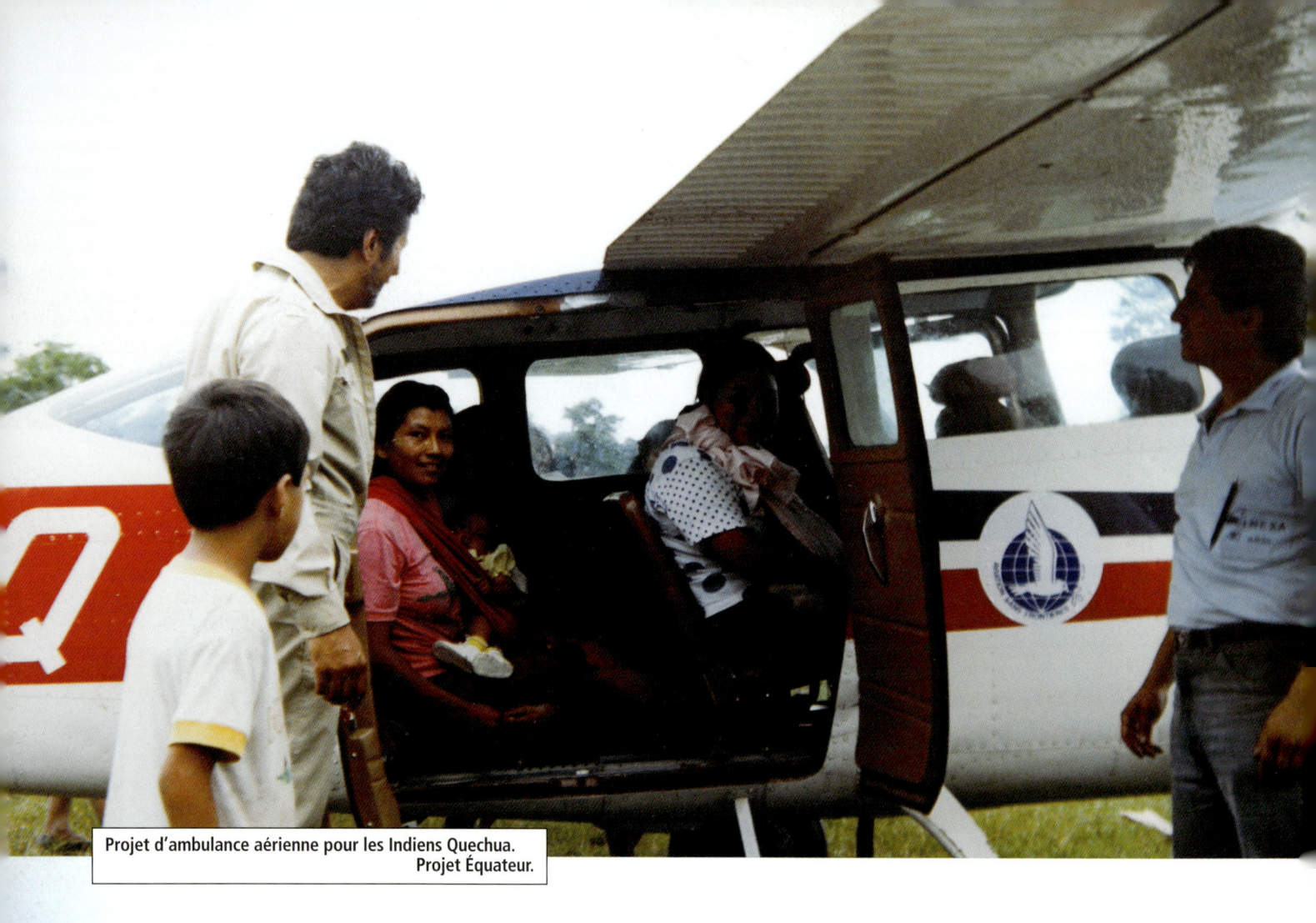

Projet d'ambulance aérienne pour les Indiens Quechua.
Projet Équateur.

Transport de vivres pour la communauté indienne (Amazonie).
Piste d'atterrissage dans un village indien.

Forêt amazonienne.
Analyse d'un gros problème technique (Mozambique).

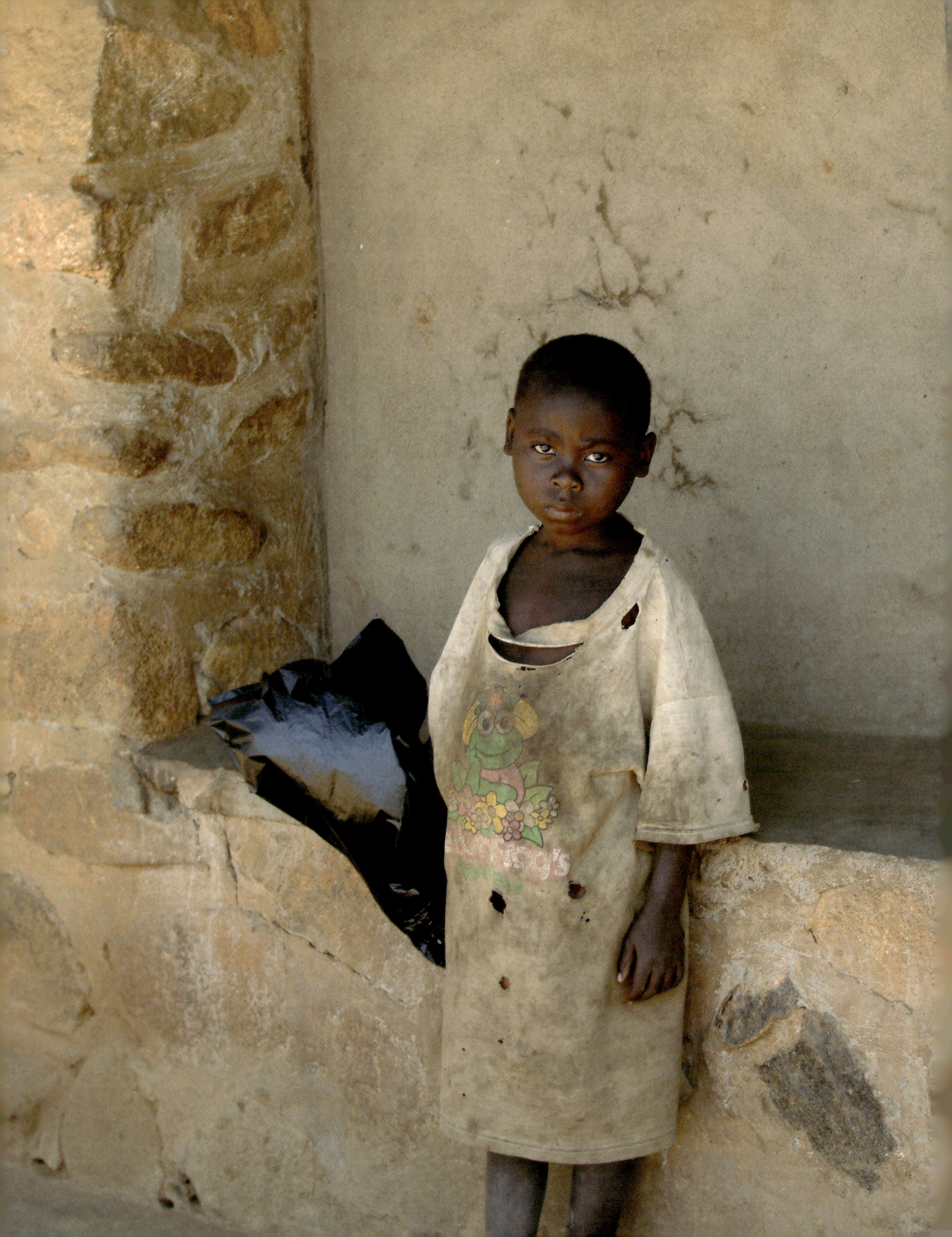

CHAPITRE 6

2000–2008 : L'APRÈS 11 SEPTEMBRE

QUAND ASF BELGIQUE CONFIRME SON AUTONOMIE

QUAND ASF BELGIQUE CONFIRME SON AUTONOMIE / 62 & 63 / CHAPITRE 6

L'année 2000 débute par une première : la mission au Mali est coordonnée sur place par des chefs de mission volontaires qui ne sont pas pilotes. D'abord Albert Feyaerts, qui occupera le poste pendant douze mois. Philippe Halflants lui succédera ensuite jusqu'à la fermeture de la mission en 2004. « Il fallait consolider les accords de paix et désenclaver les trois régions du Nord du pays », explique Vincent Feron, le chargé de programmes d'ASF Belgique qui a conçu le projet. « Pour permettre aux acteurs humanitaires d'accéder aux régions les plus inaccessibles, l'avion devait être basé à Gao. Une soixantaine d'ONG nous attendaient car, sans avion, elles ne pouvaient pas, ou très difficilement, se déplacer et intervenir sur leurs sites d'intervention. »

Le projet d'ASF Belgique est présenté à la Commission européenne qui décide de le cofinancer. À bord d'un Cessna 206 puis d'un Cessna 207, les pilotes (Gilles de Lichtervelde, Georges Dony, Marcel Lerinckx, Luc Kennis, Gilbert Mullenders, Francis Mabeyt, Claude Feltz, Jacques Jacquet, Philippe Dehennin, Lucas Declerck, Anita de Villegas…) se relayeront pendant plus de quatre ans à Gao.

Au Mali, ASF Belgique expérimente une nouvelle approche de programmation, caractérisée par un fonctionnement lui permettant de démultiplier les actions des ONG et donc de toucher un plus grand nombre de populations bénéficiaires. En offrant un moyen de transport aérien sécurisé à toutes les ONG basées dans la région, ASF Belgique viendra en aide à des centaines de milliers de personnes particulièrement vulnérables et participera activement au processus de pacification dans lequel le pays est engagé. Ce tournant important s'opère sous l'impulsion du conseil d'administration de l'époque, présidé par Philippe Dehennin.

Depuis lors, ASF Belgique ne cesse de progresser dans sa gestion, répondant à des normes particulièrement exigeantes mises en place par son trésorier Diego de Villa de Castillo, son expert-comptable, Alain Devaux, et son épouse Chantal. L'association est soumise à de fréquents contrôles et audits externes. Parallèlement, ASF renforce son mandat humanitaire qui est consolidé dans une charte réunissant les différentes entités européennes d'ASF : la France, la Belgique, l'Allemagne, les Pays-Bas, l'Espagne et la Grande-Bretagne. L'esprit ASF fait des émules et la famille s'agrandit.

Chaque action fait désormais partie d'un cycle allant de l'identification des besoins à l'évaluation des opérations. En 2004, ASF Belgique définit un nouveau plan stratégique pour une durée de cinq ans, plan qui concrétise ses ambitions en matière de désenclavement des populations défavorisées par leur isolement. « Cette maturité s'inscrit dans la durée. Elle est avant tout le fruit d'une évolution naturelle qui n'est pas spécifique à ASF Belgique. Notre génération se nourrit toutefois de l'esprit des pilotes fondateurs de l'association. Comment ne pas être admiratif devant tant d'engagement, d'audace, de courage et de spontanéité ! », explique Xavier Flament, actuel administrateur délégué de l'association.

DE MSF À ASF

Alain Peeters est aujourd'hui gestionnaire des quartiers opératoires du CHU-Brugmann. Fort de ses quinze ans dans le secteur humanitaire, il a occupé la place de directeur général d'ASF Belgique de janvier 1998 à novembre 2001. Là encore, ce sont les liens avec la section belge de MSF qui ont été prépondérants. « Claire Bourgeois savait que j'étais en fin de cycle chez MSF. J'y avais aligné les missions de restructuration, professionnalisant les missions au Mali (pour MSF et pour les Iles de Paix), au Mozambique (où il rencontrera son épouse, médecin espagnole travaillant pour MSF Hollande), au Liberia, puis au siège de MSF. » À Bruxelles, il dirige la centrale d'achats de MSF et effectue l'audit du département « eau, hygiène, assainissement ». Mais il cherche autre chose. Claire Bourgeois le sait et en parle à son frère, le président fondateur d'ASF Belgique, ce qui propulse Alain Peeters au poste de directeur de l'association qui recherche une personne disposant de son expérience. « ASF, que j'avais déjà côtoyée sur le terrain, n'est pas une ONG comme les autres : c'est une ONG au service d'autres ONG, et sa discrétion est un gage de sécurité pour ses passagers. Bien qu'elle soit toujours en première ligne, elle est rarement sous le feu des projecteurs. »

Le conseil d'administration d'ASF Belgique chargera Alain Peeters de prendre en mains ses opérations. Il sera appuyé par les chefs pilotes-instructeurs qui se sont succédé (Francis Uyttenhove, Renier Snoy et Gilbert Mullenders) et par Vincent Feron. Dans un premier temps volontaire sur le terrain, ce dernier deviendra rapidement chargé de programmes.

Deux missions sont alors rapidement ouvertes : la première à Kisangani, en République démocratique du Congo alors en proie à une guerre totale, et la seconde à Gao, au Mali alors récemment sorti d'une guerre civile. Appelé par de nouveaux défis professionnels dans une entreprise de travail adapté, Alain Peeters quittera l'association fin 2001, avec le sentiment bien réel du devoir accompli.

VINCENT FERON ET SON BÂTON DE PÈLERIN

Vincent Feron est certainement le membre d'ASF Belgique le plus connu des ONG et des autorités des pays où intervient l'association. En sa qualité de chargé de programmes, il est amené à parcourir l'Afrique d'ouest en est plusieurs fois par an. Il établit les contacts avec toutes les parties en présence, souvent en zones de conflit. Son carnet d'adresses est particulièrement rempli. Il ouvre les missions, se charge du suivi et, une fois le travail achevé, assure leur fermeture. « Au Mali, l'opération s'est arrêtée après quatre ans de bons et loyaux services. La situation s'était normalisée. Il y a un moment où il faut pouvoir dire : "On démonte et on s'en va". » Et ASF Belgique s'en est allée.

En 2003, l'équipe d'ASF Belgique, dirigée par Xavier Flament, a pris le pli de l'expérience malienne. Les projets élaborés en toute indépendance sont présentés tant aux bailleurs de fonds institutionnels qu'aux donateurs traditionnels de l'association.

En avril de cette année, des massacres sont perpétrés dans le district de l'Ituri, à l'est de la République démocratique du Congo, où des milices sont financées par des puissances qui lorgnent sur les richesses du sous-sol. Fuyant les violences, des dizaines de milliers de personnes, dont bon nombre d'enfants, se réfugient dans des camps de déplacés constitués ci et là dans la hâte. La situation est d'autant plus critique que les humanitaires ont été contraints pour des raisons de sécurité de se retirer temporairement après l'assassinat de six collaborateurs du CICR.

Vincent Feron se rend alors sur place pour trouver le moyen qui permettra aux ONG de réinvestir la zone et ainsi venir en aide aux populations totalement délaissées par l'aide internationale. Il y parviendra. La solution ? Le Cessna 206 d'ASF Belgique, bien évidemment. Il rencontre tout le monde, dont les parties en conflit, à savoir les autorités en place et les groupes rebelles. « L'objectif est d'abord de communiquer à qui de droit la neutralité de notre intervention. ASF Belgique ne s'engage pas sans avoir le blanc-seing des belligérants qui doivent assurer la sécurité des vols. C'est la règle numéro un », explique Vincent Feron. Il est coutumier des situations de crise à Kisangani où les ONG ont construit des bunkers utilisés à maintes reprises dans la période 2000-2002. « J'ai été évacué trois fois, dont deux fois sous les balles. », ajoute-t-il.

Le pilote champion de l'évacuation en catastrophe est l'Arlonais Jacques Jacquet. « Un héros », dit de lui Philippe Dehennin. « Il a sorti ASF Belgique des situations les plus difficiles. C'est lui qui, dans l'histoire de l'association, a subi la seule panne moteur en 35.000 heures de vol, consécutive à une rupture de vilebrequin. Il a été bombardé deux fois au sol. Il a aussi évacué l'équipe MSF de Kisangani en 2000, de nuit, en pleine saison des pluies. Il a atterri à Goma en pleine obscurité, sous les orages. Quand il a posé son avion, tout le monde était sur place pour l'applaudir. On croyait qu'il n'arriverait plus. »

« TOUT LE MONDE CROYAIT QUE NOUS ÉTIONS MORTS »

Vincent Feron était du vol. « Nous étions enfermés depuis plusieurs jours dans le bunker, à quinze dans quinze mètres carrés. Nous tentions de négocier notre autorisation de décoller pendant que le CICR mettait la pression sur les gouvernements rwandais et ougandais qui étaient maîtres des lieux. Finalement, nous avons obtenu l'autorisation tant attendue. Notre avion était sur place alors que celui du CICR n'était annoncé que le lendemain. Et ça "chauffait" de plus en plus fort. Le Cessna pouvait prendre cinq passagers. Nous avons décidé d'embarquer les personnes les plus fragiles, trois membres de MSF. » Parmi eux, il y avait une doctoresse danoise et son mari congolais, Clément. « Ça a été tout un débat pour l'évacuer. Je l'ai finalement imposé », dit Jacques Jacquet. « Sans cela, il aurait dû partir à pied pour l'Ouganda et il serait mort. Il est aujourd'hui informaticien au Danemark. Je l'ai revu, en 2007, à Entebbe. Il m'est tombé dans les bras en disant : Jacques, tu m'as sauvé la vie. »

À Kisangani, il est seize heures quand le Cessna décolle. Le vol pour Goma est d'une durée de deux heures trente. Dans le stress du départ, personne n'a pensé que la nuit tomberait rapidement. Sans compter les orages de fin de journée et la crête Congo-Nil à franchir. « On est montés à 4.000 mètres, il faisait un noir d'encre, le *stormscope* (radar) ne servait à rien, la radio ne fonctionnait plus, les éclairs étaient à l'horizontale. Je tenais la carte comme pare-soleil devant les yeux de Jacques. J'affirmais aux trois passagers en pleine panique (on fera d'ailleurs une piqûre calmante à l'un des trois) que c'était pour qu'il puisse lire la carte. En réalité, je tentais de lui éviter l'éblouissement des éclairs. Le vol, après des jours de stress sous les bombes à Kisangani, a duré quatre heures.
Quand le contact radio s'établit, la voix de la tour de contrôle a des accents divins.
– On est contents de vous entendre, dit la tour.
– Et nous alors !
– Faut-il allumer la piste ?, demande la tour qui facturera l'allumage à 350 USD.
– Allumez la piste, répond Jacques.

À l'atterrissage, cinquante personnes nous attendent sur le tarmac. On revenait de l'enfer, et beaucoup pensaient que nous étions morts ! »

La mission à Kisangani reprendra quand le calme sera revenu et se terminera en 2002. Quelques mois plus tard, ASF

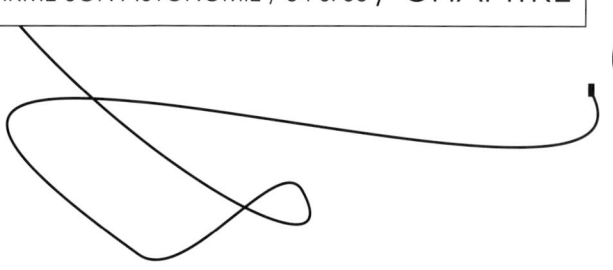

QUAND ASF BELGIQUE CONFIRME SON AUTONOMIE / 64 & 65 / CHAPITRE 6

Belgique sera de retour en République démocratique du Congo pour mettre en œuvre un programme d'appui aérien humanitaire dans le district de l'Ituri, cofinancé par UNOCHA (Office de Coordination des Actions humanitaires des Nations unies) puis par ECHO (la Direction Générale de l'aide humanitaire de la Commission européenne). Seront notamment aux commandes de ses incontournables Cessna 206 et 207 : Lucas Declerck, Gilbert Mullenders, Alphonse Courtois, Ulrich de Bruyn, Francis Mabeyt et Jacques Jacquet. « Si ECHO n'a pas repris ses programmes plus tôt, c'est parce qu'ASF Belgique n'avait pas encore d'accord-cadre de partenariat. Dès que le contrat a été signé, c'était bon. »

DE NOUVEAUX HORIZONS

En 2002, ASF Belgique est confortée par presque vingt ans d'expérience. Après une collaboration fructueuse de plusieurs années avec MSF en République démocratique du Congo, ASF décide de revoir ses modes opérationnels. « Nous ressentions le besoin d'explorer de nouveaux horizons. Il y avait tant d'ONG qui avaient besoin de notre expertise », explique Xavier Flament.

Ces ONG, Xavier Flament (38 ans) les connaît bien. Il est « du sérail », comme son prédécesseur. Après ses études, en 1994, il décide de se lancer dans l'action humanitaire. Il est engagé en juillet comme logisticien par l'ONG Caritas International et est basé à Goma, au Zaïre, où il rencontre dans les camps de réfugiés celle qui deviendra son épouse. Elle est la responsable des camps d'enfants « non accompagnés » au sein de la même organisation, avant de rejoindre le Guatemala pour l'UNICEF. Les missions se suivent, pour le Haut Commissariat aux Réfugiés (HCR) et le Programme des Nations unies pour le Développement (PNUD) en Amérique latine et en Afrique. Xavier Flament est l'assistant du coordinateur résident des activités opérationnelles de développement du Système des Nations unies au Togo quand, en 2001, le couple et ses enfants décident de revenir en Belgique.

Xavier est recruté par ASF Belgique pour y succéder à Alain Peeters. Sous l'impulsion du conseil d'administration, de nouvelles perspectives s'ouvrent pour l'association qui est alors reconnue par toute la communauté humanitaire.

Après avoir démarré son programme dans le district de l'Ituri, ASF Belgique ouvre une mission en Somalie, au profit de deux cents organisations humanitaires. « Toutes les ONG et les agences des Nations unies présentes en Somalie volent à bord de nos avions. Nous permettons ainsi à des millions de personnes d'avoir un accès régulier à la solidarité internationale. »

EN SOMALIE, ASF BELGIQUE EST L'UNIQUE OPÉRATEUR AÉRIEN

Pour ouvrir la mission en Somalie, ASF Belgique suit la même démarche qu'en Ituri. Vincent Feron et Gilbert Mullenders rejoignent la région. Ils collectent les informations et identifient les besoins. Il s'agit d'une mission délicate : les vols humanitaires ont été suspendus en janvier 2005 tant la situation est explosive, dans ce pays où règne l'anarchie. ASF Belgique présente le projet à ECHO, la Direction Générale d'Aide Humanitaire de la Commission européenne, qui accepte de le financer.

Trois avions, un Beech 1900, un Beech 200 et un Cessna 208 Caravan, sont affrétés pour mener à bien cette mission. La coordination sur le terrain sera assurée entre autres par Walter Mertens et Marcel De Petter, des officiers retraités de l'Armée belge. Leur expérience est le gage d'une bonne gestion du programme ASF Belgique et, surtout, d'une totale sécurité des opérations. À tout moment, ils doivent tenir leurs informations à jour pour savoir qui, sur les vingt-cinq pistes desservies et contrôlées par les chefs des différents clans, accueillera les avions d'ASF Belgique, leurs équipages et leurs passagers.

En Somalie, où neuf millions de personnes tentent de survivre dans le chaos, ASF Belgique est l'unique opérateur aérien

QUAND ASF BELGIQUE CONFIRME SON AUTONOMIE / 66 & 67 / CHAPITRE 6

humanitaire. L'association y est particulièrement efficace : elle y transporte des milliers de travailleurs humanitaires et des centaines de tonnes de matériel. Au gré de la tension régnant en Somalie, elle devra procéder plus d'une fois à des opérations d'évacuation de grande envergure.

AU NORD DU KENYA, LES POPULATIONS SOUFFRENT DE LA SÉCHERESSE

Après avoir assuré la coordination des opérations en Somalie, Walter Mertens, aidé des volontaires Jean-Luc Defrère et Maurice Voegele, coordonneront une nouvelle mission au Kenya. Il s'agit d'un programme d'appui aérien humanitaire au nord du pays. Dans les provinces frontalières de l'Éthiopie, de la Somalie et de l'Ouganda, trois millions de personnes sont durement touchées par la sécheresse. Les points d'eau y sont taris, le bétail meurt et les éleveurs nomades, pour survivre, sont totalement dépendants de l'aide humanitaire. Celle-ci est fournie par une soixantaine d'ONG qu'ASF Belgique achemine vers leurs sites d'intervention, desservant une dizaine de pistes d'aviation. Cet ambitieux programme d'ASF Belgique est à nouveau financé par ECHO. L'outil utilisé est un Dornier 228, un bimoteur qui peut transporter jusqu'à vingt passagers. En quelques mois, ASF Belgique en acheminera plusieurs milliers ainsi que plusieurs dizaines de tonnes de matériel humanitaire.

Philippe Dehennin constate l'ampleur du travail accompli : « Ces dernières années, nous avons accumulé autant d'heures de vol que celles enregistrées par l'association depuis sa création. Grâce à nos pilotes, des millions de personnes parmi les plus pauvres et les plus persécutées de la planète peuvent compter sur la solidarité du monde aéronautique. » Peu importent les heures de vol, l'objectif est avant tout de contribuer – avec nos moyens disponibles – à un égal accès pour tous aux soins de santé, à l'éducation, à la sécurité alimentaire et aux infrastructures sanitaires.
Conformément à la volonté des membres fondateurs, ces interventions, menées dans un cadre d'urgence et de réhabilitation, sont au cœur des préoccupations d'ASF Belgique. Mais d'autres s'y ajoutent qui s'inscrivent dans une optique de développement durable. « Notre travail sur place, au profit des acteurs de développement, nous entendons le pérenniser par la formation de personnel local et par la réhabilitation de l'infrastructure aérienne. »

L'AVION, UN ATOUT POUR LA CONSERVATION DE LA NATURE

ASF Belgique prépare aussi d'autres missions dans une perspective de développement durable. « Nous pensons que l'aviation, contrairement aux idées reçues, a un rôle à jouer en matière de conservation de l'environnement. » Tout dépend de la manière de l'utiliser. ASF Belgique s'est déjà engagée concrètement dans cette voie en étant partenaire du WWF à Madagascar où deux administrateurs d'ASF Belgique, René Van Acker et Marcel Lerinckx, ont effectué plusieurs missions depuis 2006.

En collaboration avec le programme WWF/ANGAP, l'association a réalisé une opération expérimentale de survols de dissuasion et de photographies aériennes. Le matériel produit est utilisé dans le cadre d'actions de sensibilisation des populations les incitant à protéger leur patrimoine forestier. À l'avenir, ASF Belgique souhaite s'impliquer davantage dans la mise en œuvre de programmes de travail aérien dans une optique de surveillance des réserves naturelles, de lutte contre le braconnage et de déforestation sauvage. Le projet d'ASF Belgique comporte également un volet de formation des pilotes nationaux.

L'engagement le plus récent d'ASF Belgique est donc la défense de l'environnement. L'association l'aborde avec les convictions identiques aux siennes dans ses autres missions : urgence, réhabilitation, accompagnement d'enfants en urgence médicale et escorte de migrants. Pour toutes ces populations vulnérables, l'avion est synonyme d'espoir. Et ASF Belgique leur déploie ses ailes.

Dans le district de l'Ituri en proie à la guerre civile, des familles attendent devant le dispensaire de l'ONG Medair à Aveba.
Le matériel médical est transporté par ASF Belgique (RDC).

Une maman prend soin de son enfant dans les rues de Bunia (RDC)

Hôpital de Médecins sans Frontières à Bunia (RDC).
Des mamans attendent leur tour à la visite médicale. Dispensaire d'Aveba (RDC).

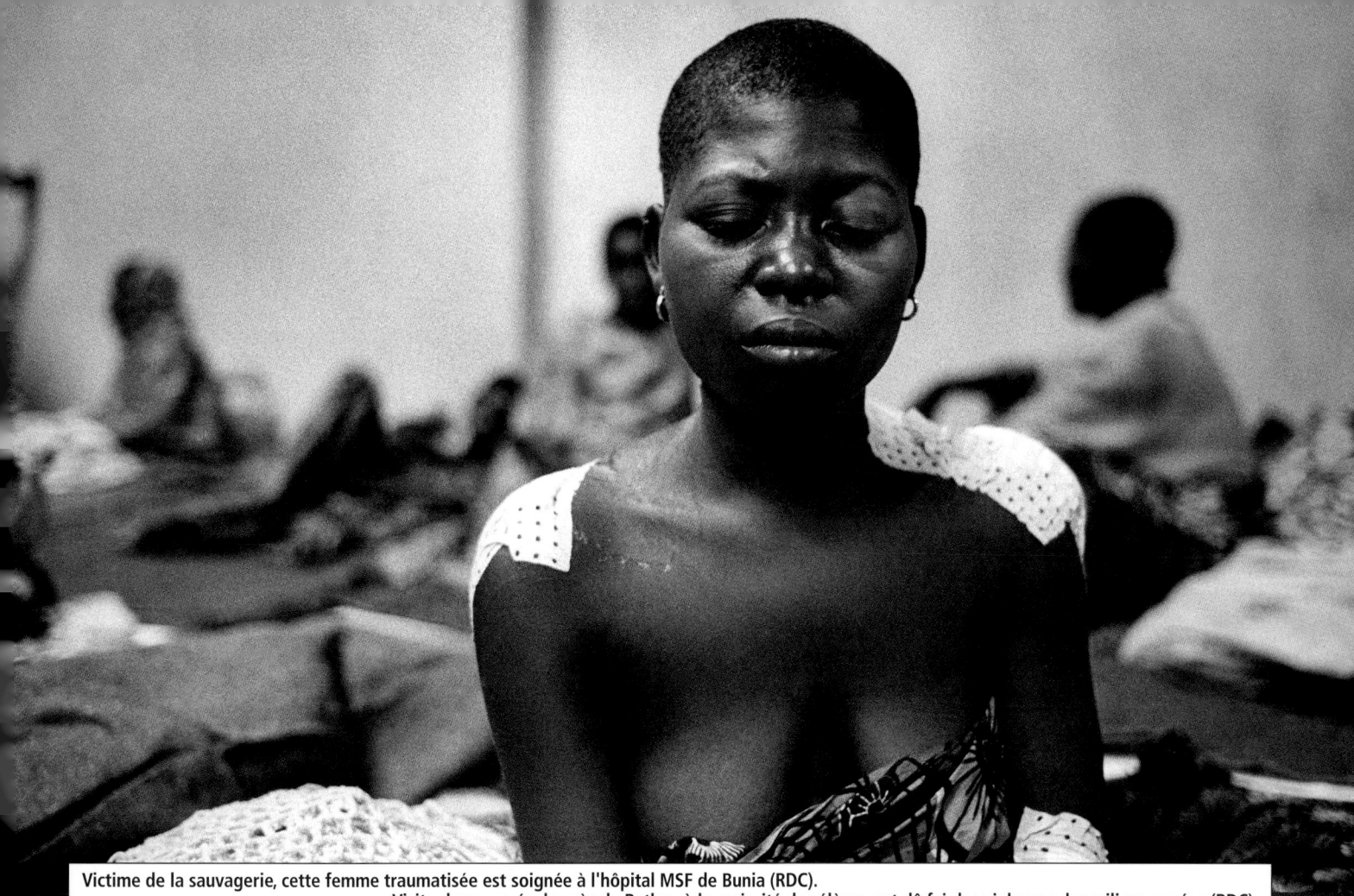

Victime de la sauvagerie, cette femme traumatisée est soignée à l'hôpital MSF de Bunia (RDC).
Visite dans une école près de Rethy où la majorité des élèves ont dû fuir les violences des milices armées (RDC).

Rebelles près de Mahagi (RDC).

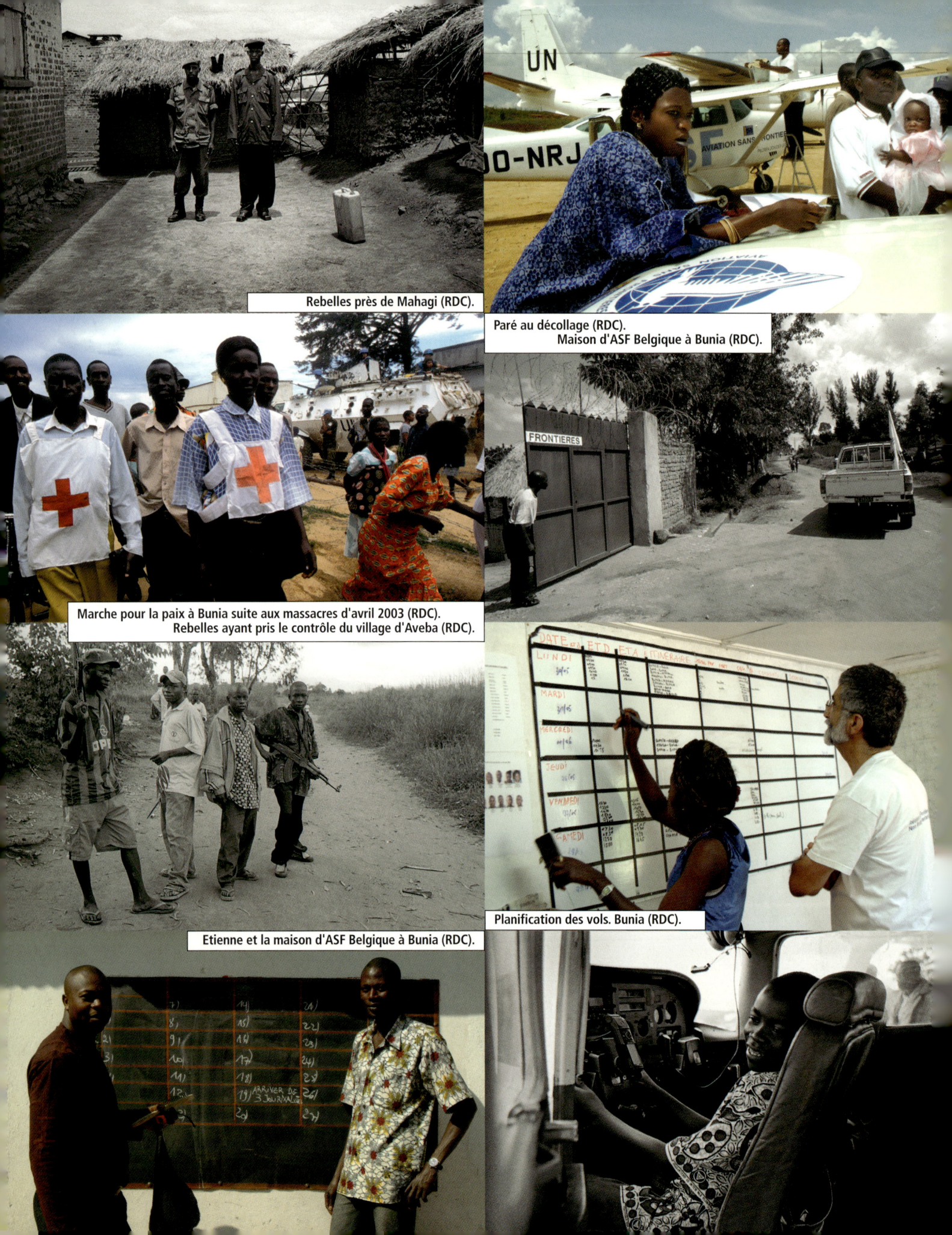

Paré au décollage (RDC).
Maison d'ASF Belgique à Bunia (RDC).

Marche pour la paix à Bunia suite aux massacres d'avril 2003 (RDC).
Rebelles ayant pris le contrôle du village d'Aveba (RDC).

Planification des vols. Bunia (RDC).

Etienne et la maison d'ASF Belgique à Bunia (RDC).

Réunion de sécurité en présence du chef de mission d'ASF Belgique. Bunia (RDC).

Survol de l'Ituri à bord du Cessna 207 d'ASF Belgique (RDC).

Atterrissage à Mahagi. (RDC)

Découverte d'un lance-roquettes par des villageois près de Rethy (RDC).

Déchargement de motos pour l'ONG italienne COOPI (RDC).

Transport d'un malade atteint de convulsions liées à la Malaria (RDC).

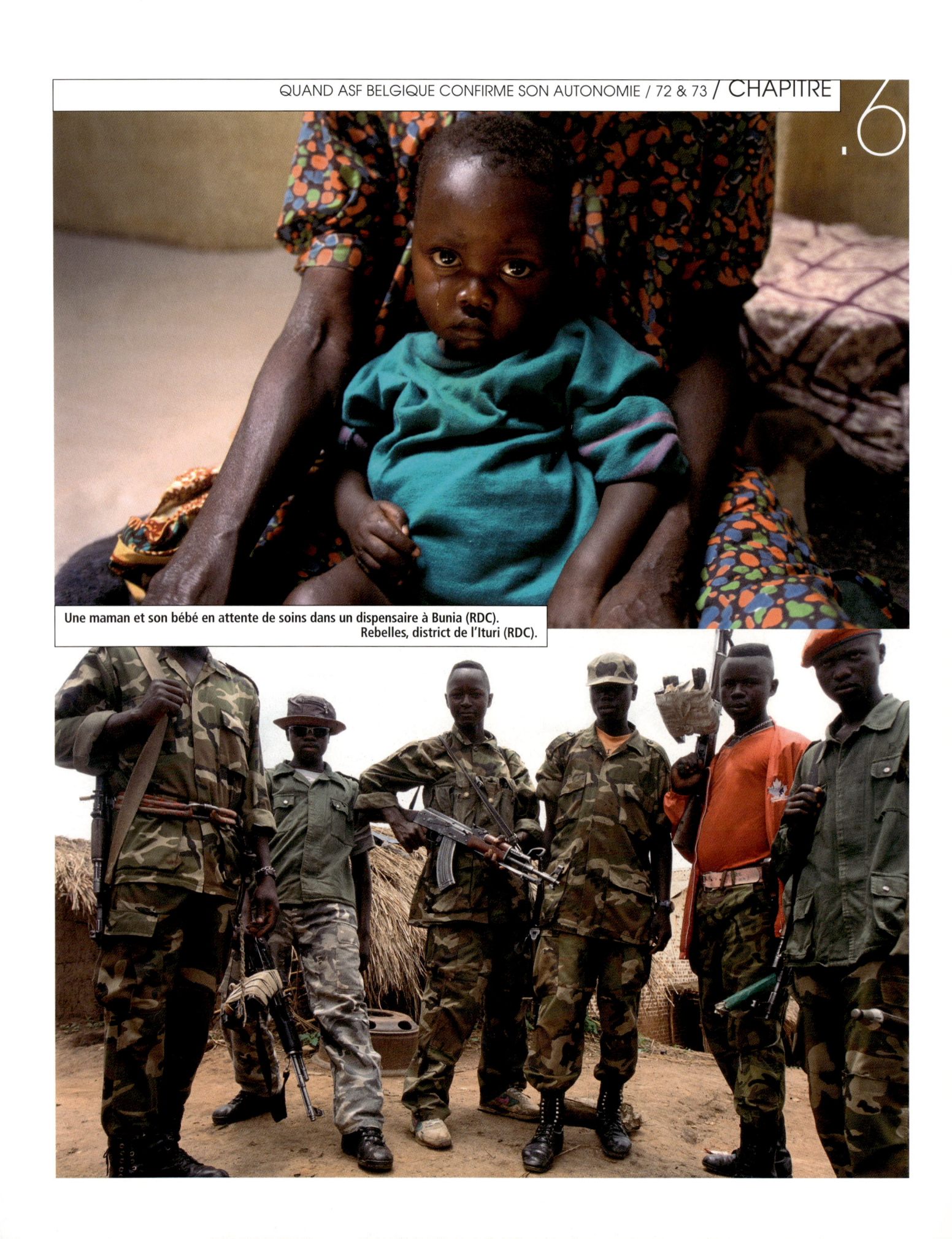

QUAND ASF BELGIQUE CONFIRME SON AUTONOMIE / 72 & 73 / CHAPITRE .6

Une maman et son bébé en attente de soins dans un dispensaire à Bunia (RDC).
Rebelles, district de l'Ituri (RDC).

Gestion de l'eau dans le camp de déplacés de Bunia (RDC).
Prières dans une petite église de Bunia (RDC).

Attente de soins au dispensaire d'Aveba (RDC).

Camp de Kitale, (Kenya).

Les enfants sont les premiers à souffrir du manque de soins à Mogadiscio (Somalie).

Camp de Kitale (Kenya).

Programme de lutte contre la sécheresse (Kenya).

Le nord du Kenya en proie à la sécheresse.

Forage de puits (Kenya).

QUAND ASF BELGIQUE CONFIRME SON AUTONOMIE / 78 & 79 / CHAPITRE .6

Ecole à Wajir (Kenya).

Puits artisanaux (Kenya).

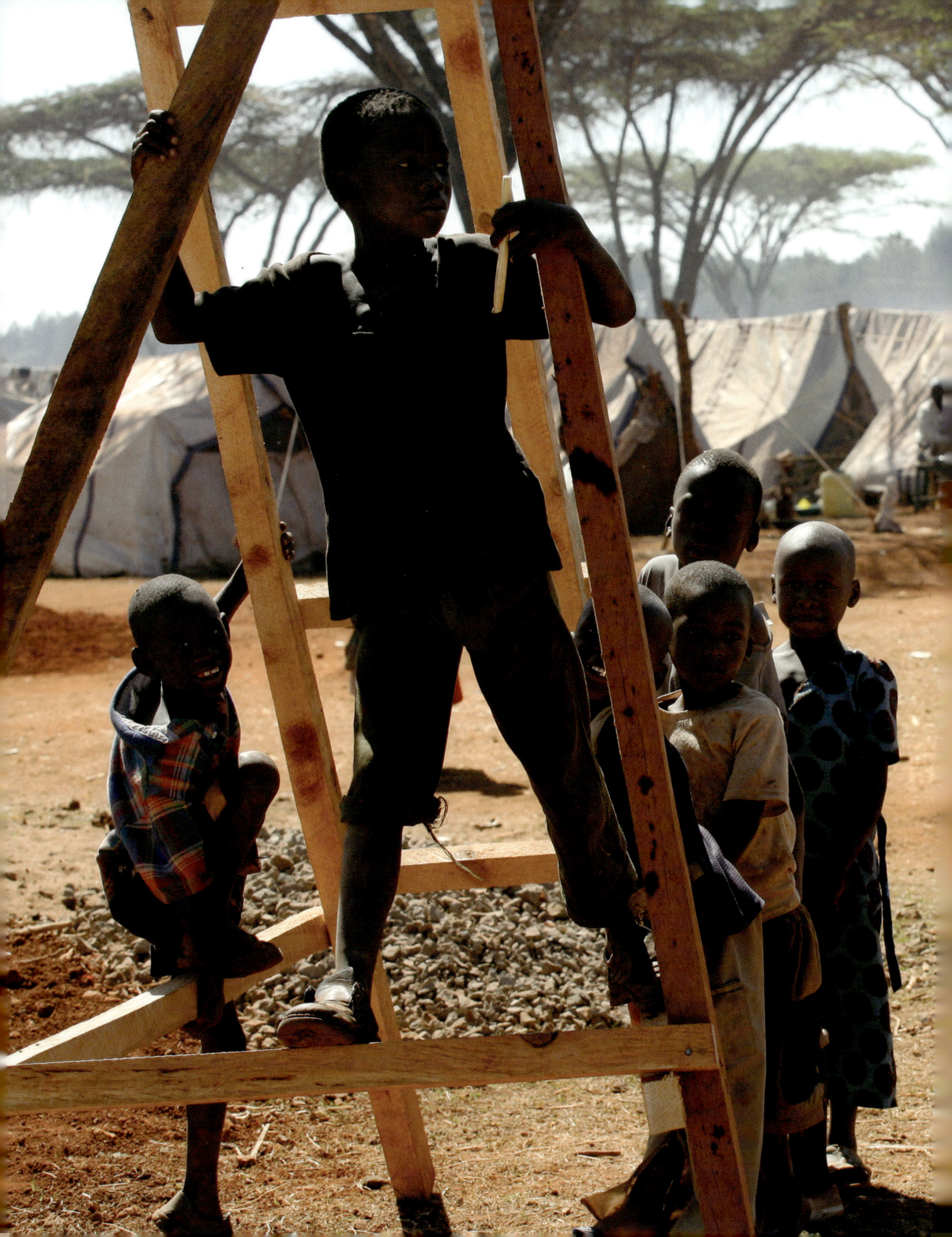

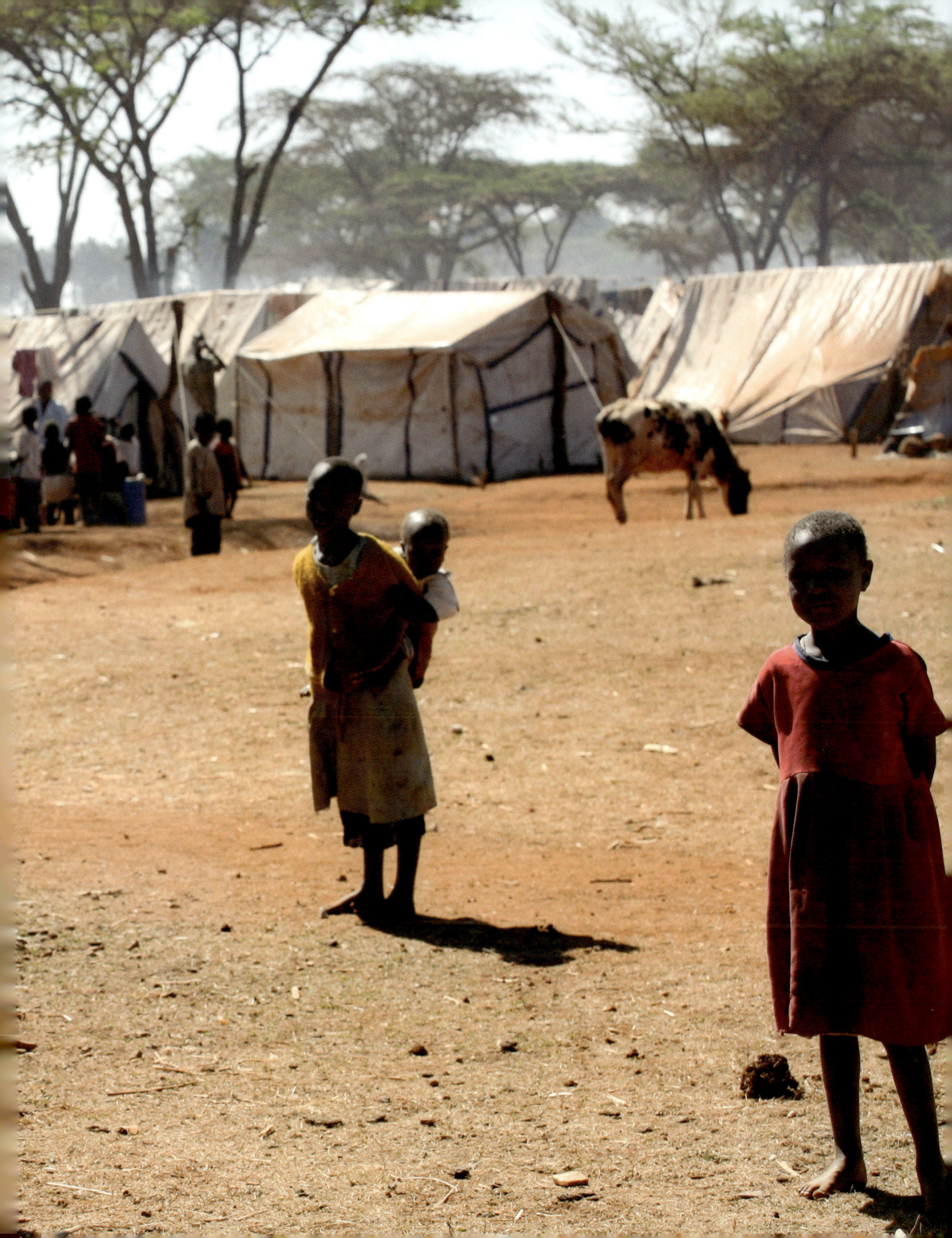

Camp de réfugiés de Dadaab (Kenya).

École du camp de réfugiés de Dadaab (Kenya).

Dans le désert malien, des programmes agricoles ont été mis en place par diverses ONG.

La polio fait encore des ravages au Mali.

Vue plongeante de la dune rose de Gao sur le bassin du Niger.

Atelier de fabrication de prothèses à Hargeisa (Somaliland).

Enregistrement des passagers au bureau d'ASF de l'aéroport d'Hargeisa (Somaliland).

Bureau de l'ONG SOS Villages d'enfants à Mogadiscio (Somalie).

L'hôpital public de Hargeisa (Somaliland).

De nombreux acteurs humanitaires sont présents à Hargeisa (Somaliland).

QUAND ASF BELGIQUE CONFIRME SON AUTONOMIE / 86 & 87 / CHAPITRE 6

Camp de réfugiés de Hargeisa (Somaliland).

ASF

AVIATION WITHOUT BOR
AVIATION SANS FRONT

DES PILOTES ET DES HOMMES

88 & 89 / CHAPITRE 7

« MA VOCATION ?
PILOTE HUMANITAIRE »

CHAPITRE 7

« MA VOCATION ? PILOTE HUMANITAIRE »

Pour quelle raison le « Project Manager » d'une entreprise pharmaceutique de renom décide-t-il de tout plaquer pour partir en Éthiopie, pays en proie à la guerre civile et à la famine ? « Au siège d'ABELAG (société d'aviation belge), j'avais fait la connaissance de Paul Renkin, le gestionnaire de l'école d'aviation de Grimbergen et un des membres fondateurs d'ASF Belgique. C'était le début de l'aventure. Je fus de la première mission ASF Belgique au Mali en 1984. Mon destin m'amena à prolonger mon congé sans solde. Ce n'était plus une pause carrière mais une nouvelle carrière qui se présentait à moi ». En Éthiopie, Paul Lardinois fut le pilote d'ASF Belgique pendant trois ans, de 1985 à 1988. Plus tard, il revint chez ASF Belgique en tant qu'administrateur pour mettre son expérience au service de l'association. « Aujourd'hui, tout est plus « carré ». Nous, nous étions les pionniers. Dans les années 80, il fallait établir les fondations de l'association. »

Paul Lardinois se souvient : « Je venais d'atterrir à Tambien, un village sous contrôle de l'armée régulière éthiopienne. C'était une véritable enclave en territoire rebelle et les assauts étaient très fréquents. J'étais au bord de la piste quand des soldats éthiopiens me supplièrent d'embarquer un des leurs, grièvement blessé par balles. J'ai refusé de le prendre. Quelques minutes plus tard, quatre brancardiers en civil m'apportaient un blessé grave… en civil. J'ai emmené ce jeune homme agonisant et je lui ai sans doute sauvé la vie. Nous volons pour secourir les malades et les blessés. C'est ce qui m'est venu à l'esprit. Qu'auriez-vous fait à ma place ? ».

Que peut motiver un pilote militaire, fraîchement pensionné, à pousser la porte d'ASF Belgique pour présenter ses services ? « Après avoir été pilote de chasse, j'ai volé sur un C-130 pendant sept ans. Je m'étais rendu plusieurs fois en Afrique avec l'Armée belge, explique Francis Mabeyt. On dit souvent que l'Afrique, cela passe ou cela casse. Quand j'étais militaire, j'y avais appris bien des enseignements des populations que j'avais eu la chance de côtoyer et j'ai donc souhaité y retourner pour des raisons humanitaires ». Ma première mission pour ASF Belgique se déroula au Mali. La dernière ? À 53 ans, Francis Mabeyt ne l'envisage pas encore. Il vient d'ailleurs d'effectuer une mission au Tchad.

Pourquoi un pilote B777 de la KLM quitte-t-il son confort pour prendre les commandes d'un avion de brousse ? « J'ai toujours voulu voler pour ASF Belgique », explique Lucas Declerck d'Overijse. « Pilote KLM depuis 1996, je n'ai pas pu effectuer de mission pour l'association avant 2002. C'était difficile de concilier une vie de famille, celle d'un pilote long courrier et la longueur des missions exigées par ASF Belgique. Il n'est pas simple, pour un employeur, de donner deux mois de congés d'une seule traite et, pour la famille, de les voir entièrement consommés dans une mission humanitaire en Afrique. » En 2002, au Mali, toutes les conditions sont enfin réunies. Lucas, qui dispose d'une importante expérience des avions légers, y séjourne deux mois. Depuis, il a effectué quatre missions, au Mali et en République démocratique du Congo, et a convoyé plusieurs avions entre leur base à Grimbergen (Belgique) et leurs terrains d'opération en Afrique. « Pour ma prochaine mission, je capitalise déjà les jours», sourit le pilote qui, comme tous les autres, a appréhendé le passage du B777 au Cessna 207. « Les vols réalisés en Afrique par ASF Belgique, c'est un peu le retour à la glorieuse époque de l'*Aéropostale*. Alors qu'en gros porteur tout est segmenté, on retrouve, aux commandes d'un monomoteur, la globalité de l'aviation en maîtrisant l'ensemble du processus. »

Gilles de Lichtervelde, commandant de bord B737-800 de Ryanair, membre fondateur et actuel vice-président de l'association, renchérit : « Ce n'est pas le même métier : dans le Boeing, tout est doublé, voire triplé. Dans le petit monomoteur, on doit tout faire : piloter, parler à la radio, prendre des notes, naviguer et réfléchir. On devient les rois de la débrouille. On doit même dessiner les cartes quand elles n'existent pas. Le pilote de brousse est un homme-orchestre. »

Cette « aventure utile » a aussi guidé les « défricheurs » d'ASF Belgique. « Il ne faut pas se voiler la face : ce que veulent les pilotes, c'est voler un maximum, et certains pilotes volaient plus en une semaine lors de leurs missions pour ASF Belgique qu'en un an en Belgique », affirme Léon Didden. « Comme il s'agit de surcroît de vols humanitaires, que demander de plus ? »

UNE SÉLECTION STRICTE DES PILOTES
Ce côté chevaleresque transcende les pilotes, qu'il s'agisse des fondateurs ou de celles et ceux qui partent aujourd'hui en mission. Aux pilotes de ligne des débuts, en 1983, se sont adjoints, dès 1995, les pilotes militaires retraités. Pourquoi sont-il arrivés si tardivement ? « L'aviation de ligne était particulièrement développée en Belgique dans les années 80 avec la Sabena et la TEA. Les compagnies aériennes autorisaient leurs pilotes à prendre des congés sans solde. ASF Belgique recrutait donc assez facilement, d'autant que les pilotes devaient acquérir de l'expérience sur avions légers pour être engagés dans l'aviation commerciale. L'association leur offrait aussi cette possibilité », explique Gilbert Mullenders, chef-pilote et responsable des opérations aériennes d'ASF Belgique. Gilbert est lui-même un ancien officier militaire, pilote de Thunderstreak et de Mirage à la Force aérienne entre 1963 et 1998. « Puis la situation a évolué. On a commencé à former les pilotes sur simulateur de vol. Ils n'avaient plus la pratique requise en aviation légère. » En effet, ASF Belgique exige une expérience minimale de 500 heures de vol sur avions légers (soit d'un poids de moins de 5,7 tonnes).

ASF Belgique décide donc de contacter les pilotes militaires retraités qui connaissent bien les contextes dans lesquels l'association est appelée à intervenir. « La situation sécuritaire est souvent critique. Beaucoup de candidats pilotes renoncent à s'engager, car les missions sont souvent périlleuses. Certains pilotes militaires sont déjà retraités à quarante-sept ans et ont donc du temps à offrir. La très grande majorité d'entre eux a été sensibilisée à la cause humanitaire. Ils sont aguerris aux situations de stress, surtout ceux qui ont volé au Quinzième Wing. Que peut-on attendre de plus d'un pilote ? Les pilotes militaires retraités constituent aujourd'hui près des deux tiers de notre réservoir. »

Le réservoir est entretenu. Les pilotes qui le constituent font l'objet d'une sélection sévère et d'un entraînement effectué sous la supervision de Gilbert Mullenders. « Je reçois quelque quatre cents CV par an. Il s'agit, dans 95 % des cas, de jeunes pilotes qui débutent et qui cherchent du travail. Souvent, ils manquent malheureusement d'expérience. Quand j'ai commencé en tant que pilote d'ASF Belgique, en 1997, j'étais aux commandes d'un Britten Norman et j'étais secondé d'un copilote. Les pilotes les plus expérimentés formaient les plus jeunes. Impossible de procéder de la sorte avec le Cessna : les kilos du deuxième pilote, c'est autant de fret humanitaire qu'on ne peut pas transporter. »

C'est à Gilbert que revient la décision finale d'envoyer un pilote en mission. Il peut compter sur l'appui de Francis Mabeyt, d'Etienne de Mûelenaere et de Marnix Brees, également officiers et pilotes retraités de l'Armée belge, qui l'assistent dans ses multiples responsabilités de supervision. « À l'aide de check-lists et de tests en vol, nous vérifions absolument tout avant le départ de chaque pilote. Nous nous assurons aussi qu'ils sont parfaitement capables de travailler de manière autonome. » La sélection est rigoureuse, ce qui explique que le réservoir d'ASF Belgique en 2008 est d'à peine quinze pilotes.

C'est qu'il faut avoir des nerfs d'acier et une technique irréprochable pour voler dans des conditions de brousse : les pistes sont d'approche difficile, les incidents sécuritaires surviennent fréquemment et la météo est souvent capricieuse.

GBADOLITE, BASANKUSU (RD CONGO). JOYEUX RÉVEILLONS !

24 décembre 1999. Jacques Jacquet atterrit avec le Cessna 207 à Gbadolite (province de l'Équateur). De retour d'une mission à Basankusu, après avoir amarré l'avion, il rejoint la maison MSF, située à trois kilomètres de l'aéroport. À peine rentré, il entendit le bruit strident d'un avion de chasse suivi de déflagrations. Un deuxième avion attaquait en piqué et lâchait une bombe sur la piste, tout en mitraillant les installations. « Cette fois, j'ai bien cru que notre avion était détruit. » Il sauta dans la camionnette MSF pour rejoindre l'aéroport où la panique était totale. Trois grands cratères rendaient la piste impraticable aux avions gros porteurs. « Une épaisse fumée s'élevait à l'endroit où était parqué notre Cessna. Je me suis frayé un passage entre les militaires. De la fumée émanait des *toucqs* percés par le mitraillage. Mais l'avion était miraculeusement intact. » Jacques Baudillon, le chef de la maintenance des avions d'ASF Belgique, a toutefois dû réparer la carrosserie légèrement endommagée par des éclats de béton.

Noël avait été chaud à Gbadolite, la Saint-Sylvestre allait être de même température à Basankusu. « Ce jour-là, je circulais en pirogue en direction du centre nutritionnel. Quand, vers 15 heures, un missile sol-air nous est passé sous le nez, suivi d'un avion de chasse non immatriculé qui largua une bombe sur la piste. Puis un deuxième « jet » amorça un piqué pour mitrailler notre avion. » Pendant une demi-heure, tout était figé. Jacques Jacquet fila alors vers l'aéroport. Au milieu de débris de toutes sortes, l'avion était là, une fois de plus miraculeusement intact. « Je n'ai pas voulu traîner sur place de crainte d'une nouvelle attaque. J'ai embarqué le personnel de MSF et j'ai décollé au plus vite. 1h40 plus tard, j'étais à Gbadolite. » Même si l'avion d'ASF Belgique était bien identifié « neutre et humanitaire », même si toutes les parties en présence dans un Congo en guerre ne pouvaient ignorer que l'avion blanc aux lettres bleues était synonyme de secours, un maximum de sécurité s'imposait. Et la sécurité du vol en situation de crise, c'est aussi de l'anticipation. Avant le décollage, il fallait se mettre en contact avec les chefs de guerre qui contrôlaient les régions où l'avion d'ASF Belgique devait atterrir. « Un jour, un vol devait nous mener à Lisala, dans la province de l'Équateur. La zone était contrôlée par des milices qui avaient été prévenues par radio de notre arrivée. Tout le monde était au courant. » Tout le monde sauf le commandant des troupes qui contrôlaient l'aérodrome. « À l'approche de la piste, j'ai tout de suite réalisé que quelque chose n'allait pas. En courte finale, j'ai vu les militaires qui se plaçaient en position de tir. Je n'avais pas les moyens de reprendre de l'altitude. Quand j'ai atterri, le commandant a accouru vers moi, il était en nage et me faisait des grands signes. Quand le moteur de l'avion a arrêté de tourner, il m'a dit qu'il n'avait pas été prévenu de mon arrivée et qu'il avait reçu l'ordre de tirer. Est-ce que ces hommes en avaient vraiment l'intention ? Je ne pense pas. » Quoi qu'il en soit, ils avaient désobéi.

L'ÉRUPTION DU NYIRAGONGO (GOMA), JANVIER 2002

Quand les pistes sont entretenues, quand la guerre fait enfin relâche, il reste encore la météo capricieuse : les tempêtes de sable du Sahara et les orages dantesques de la forêt tropicale. Sans compter les catastrophes naturelles. Comme lorsque le 17 janvier 2002, le volcan Nyiragongo (« celui qui fume ») décida de se réveiller. La lave coulait dans les rues de Goma et des milliers de personnes durent évacuer les lieux en direction de Gisenyi (Rwanda), une bonne partie de la ville était réduite en cendres et 120.000 personnes se retrouvèrent sans abri. Une crise humanitaire s'était à nouveau invitée à Goma sans prendre le soin de s'annoncer.

18 janvier. « Il n'y avait plus de contact radio avec Goma. Nous avons décidé, avec MSF, de tenter un premier atterrissage à l'aéroport international de Goma afin d'estimer les dégâts et d'évaluer les besoins », explique Francis Mabeyt, le pilote d'ASF qui effectuait alors une « reprise remise » avec le pilote sortant. Ce premier atterrissage, c'était mission impossible : absence de contacts au sol, abondance de pillards, visibilité presque nulle à cause de la fumée et, cerise sur le gâteau, une coulée de lave qui traversait la piste de part en part !

19 janvier. « Des centaines de personnes revenaient de Gisenyi, malgré les coulées de lave. Ils venaient constater le désastre. Nous avons donc décidé de tenter un atterrissage sur le morceau de piste encore accessible. » ASF Belgique embarqua une équipe médicale et du matériel pour établir à Goma le premier centre MSF de soins d'urgence . « Les conditions de visibilité n'étaient pas meilleures que la veille, la tour de contrôle était déserte. L'avion était aligné sur l'axe de la piste. L'équipage put trouver ses repères grâce au lac Kivu qui borde la ville de Goma. Derrière l'épaisse fumée générée par un dépôt de carburant en feu, un bout de piste encombré de débris. La voiture blanche de MSF nous attendait sur place, près de l'amas de lave. Quasi un *touch and go*. La touffeur était suffocante. Seul le tarmac résistait encore à la lave. L'équipe débarqua, le matériel fut déchargé et l'avion décolla aussitôt ».

L'ENCADREMENT OPÉRATIONNEL

Au siège, à Bruxelles, tous ces événements sont suivis presque en direct. « Avec Vincent Feron, nous suivons toutes les opérations et nous assurons un contact permanent avec le terrain » explique Christian Georlette, codirecteur en charge de la mise en œuvre des programmes et du suivi des opérations. Christian a étudié l'agriculture tropicale et, dans le même temps, était volontaire de la Croix-Rouge. Il suivit ensuite une formation internationale pour, finalement, laisser l'agriculture de côté et se consacrer à l'action humanitaire. Sa première mission, en 1985, pour la Croix-Rouge internationale, le conduisit au Tchad. Vingt-deux ans plus tard, fort de son expérience, il entre chez ASF Belgique. « Quel pro-

« MA VOCATION ? PILOTE HUMANITAIRE »

gramme a sa préférence ? Tous mais j'ai un faible pour celui du Tchad, avoue-t-il. Dans la région d'Abéché, nous volons avec un Cessna pour désenclaver les populations réfugiées du Darfour et les déplacés tchadiens. Le pilote Francis Mabeyt a ouvert la mission avant de la céder à Herbert Decouvreur, un ancien para commando devenu pilote. Actuellement, Jean-Christophe Devos y effectue sa première mission. Pendant ses congés, l'espagnol Ernesto Cobián, pilote de ligne d'Iberia, assurera les commandes du Cessna 207.» Les missions sont éprouvantes tant physiquement que moralement, assurer le turn-over des pilotes est donc une nécessité.

« Au Tchad, les opérations d'ASF Belgique ne cessent de croître. Pendant la saison des pluies, les routes sont inaccessibles. Les ONG ne peuvent compter que sur notre avion pour se déplacer. Si les besoins le requièrent, nous positionnerons un deuxième avion. »

Impossible de traiter d'encadrement opérationnel sans parler de l'indispensable Jacques Baudillon. Fidèle mécanicien d'ASF Belgique, il rejoint l'Afrique tous les mois pour effectuer la maintenance de ses avions. Christian Georlette confirme : « C'est une tâche essentielle dont il s'acquitte avec le plus grand sérieux. Professionnel jusqu'au bout des ongles, il n'en est pas moins homme de cœur. C'est un véritable « papa » pour les pilotes qui lui confient parfois leurs doutes et les difficultés auxquelles ils doivent faire face. Passionné et sensible, Jacques trouve toujours les mots justes pour leur remonter le moral. »

DES PILOTES AUX NERFS D'ACIER

Depuis 25 ans, ASF Belgique est un acteur clé de l'action humanitaire. Depuis 25 ans, ASF Belgique est au service des populations isolées. Et, depuis 25 ans, les pilotes accumulent des histoires, souvent héroïques, mai aussi empreintes de tendresse.

Quand la nostalgie guette, quand le moral est au plancher, les pilotes se souviennent d'instants qui font renaître l'espoir. Comme celui de Brigitte, treize ans. Elle se retrouva dans le Cessna d'ASF Belgique qui volait de Mahagi à destination de Bunia, via le lac Albert pour éviter les montagnes et les orages qui avaient subitement éclaté. Brigitte était accompagnée d'une psychologue, en charge de la réinsertion des filles et des garçons soldats. Brigitte s'était rendue à une banale visite médicale. Elle était enceinte. Le bébé se présentait « en siège » et une césarienne s'imposait. Impossible de l'opérer à Mahagi. Elle devait se rendre de toute urgence à Bunia. « C'est la première fois qu'elle prenait l'avion. Durant le vol, elle garda la tête contre la fenêtre et les yeux grands ouverts. Au-dessus du lac, elle voyait les bateaux de pêcheurs. Son visage se détendait à la vue de ce paysage apaisant. Le pilote lui dit en swahili qu'il y avait beaucoup de poissons dans le lac, pour dire quelque chose. Elle l'a regardé, émerveillée, et lui a offert un grand sourire. La journée du pilote était gagnée. » Brigitte donna naissance à une petite fille à Bunia.

Des histoires comme celle-ci, les pilotes d'ASF Belgique en ont accumulées des centaines. Avant chaque décollage, avec la balance qu'ils emportent dans l'avion, ils pèsent méticuleusement les colis et les passagers. Après chaque atterrissage, c'est d'une autre balance dont ils se servent. Elle mesure le poids de la misère rencontrée et de l'impact de leur humble intervention face à la montagne des besoins. Elle mesure aussi le bonheur des personnes désenclavées, le sourire des enfants sauvés et la gratitude des mères. Et l'aiguille de la balance penche toujours vers l'espoir d'un monde meilleur.

Mission Burundi et Rwanda basée en Tanzanie.

Des ailes et des hommes.

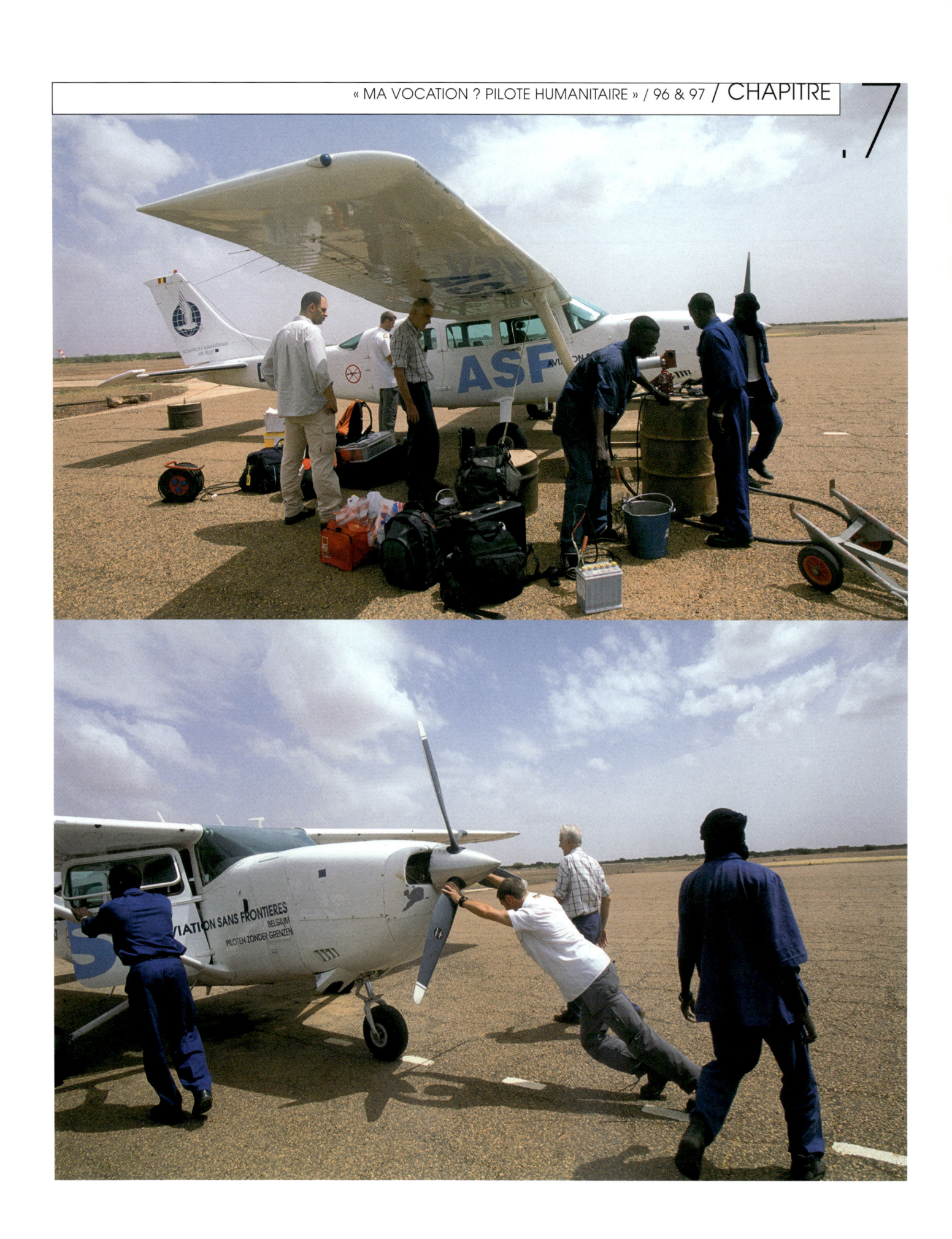

« MA VOCATION ? PILOTE HUMANITAIRE » / 96 & 97 / CHAPITRE 7

Chaque mission implique un travail d'équipe.

Les ravitaillements, une opération bien rodée.

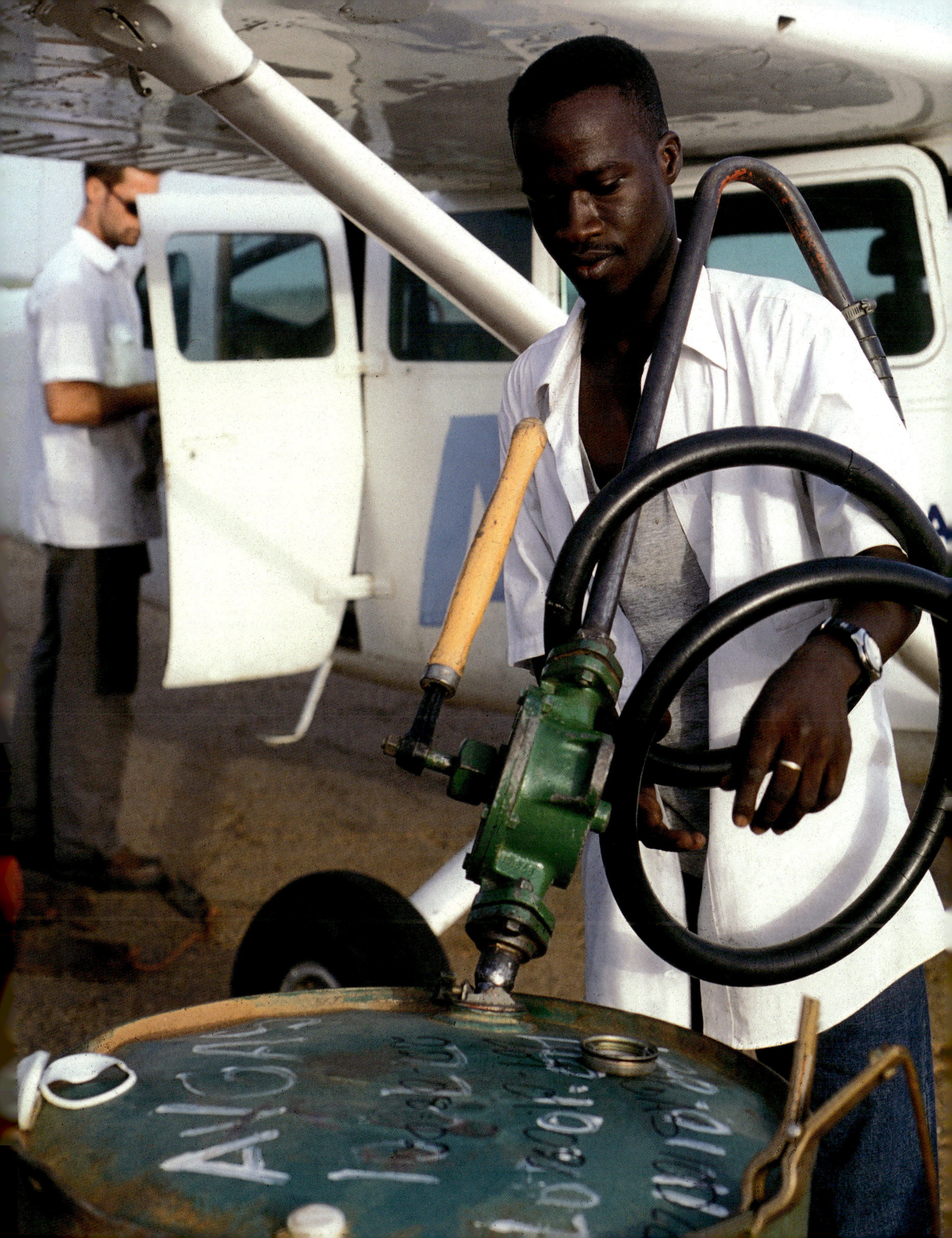

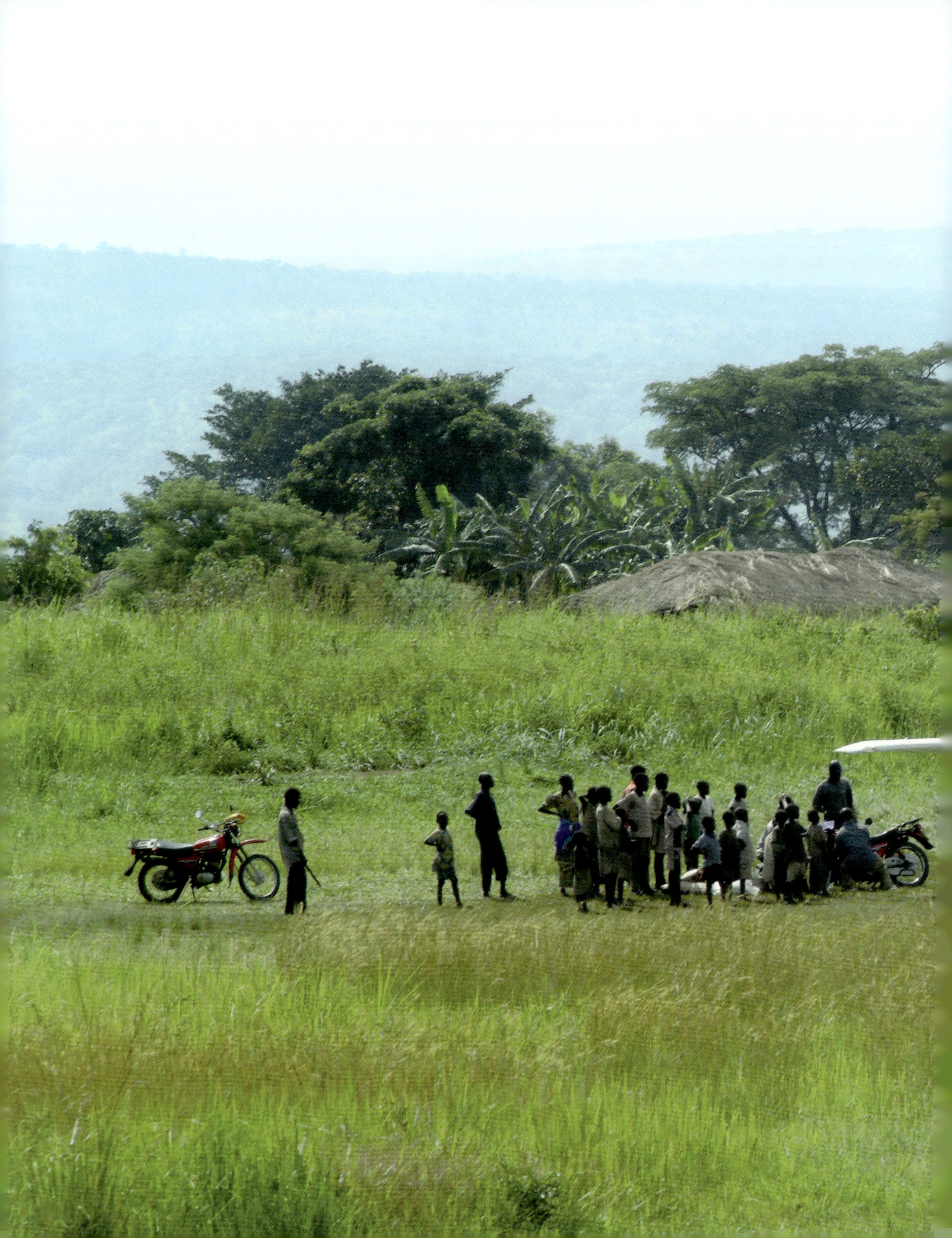

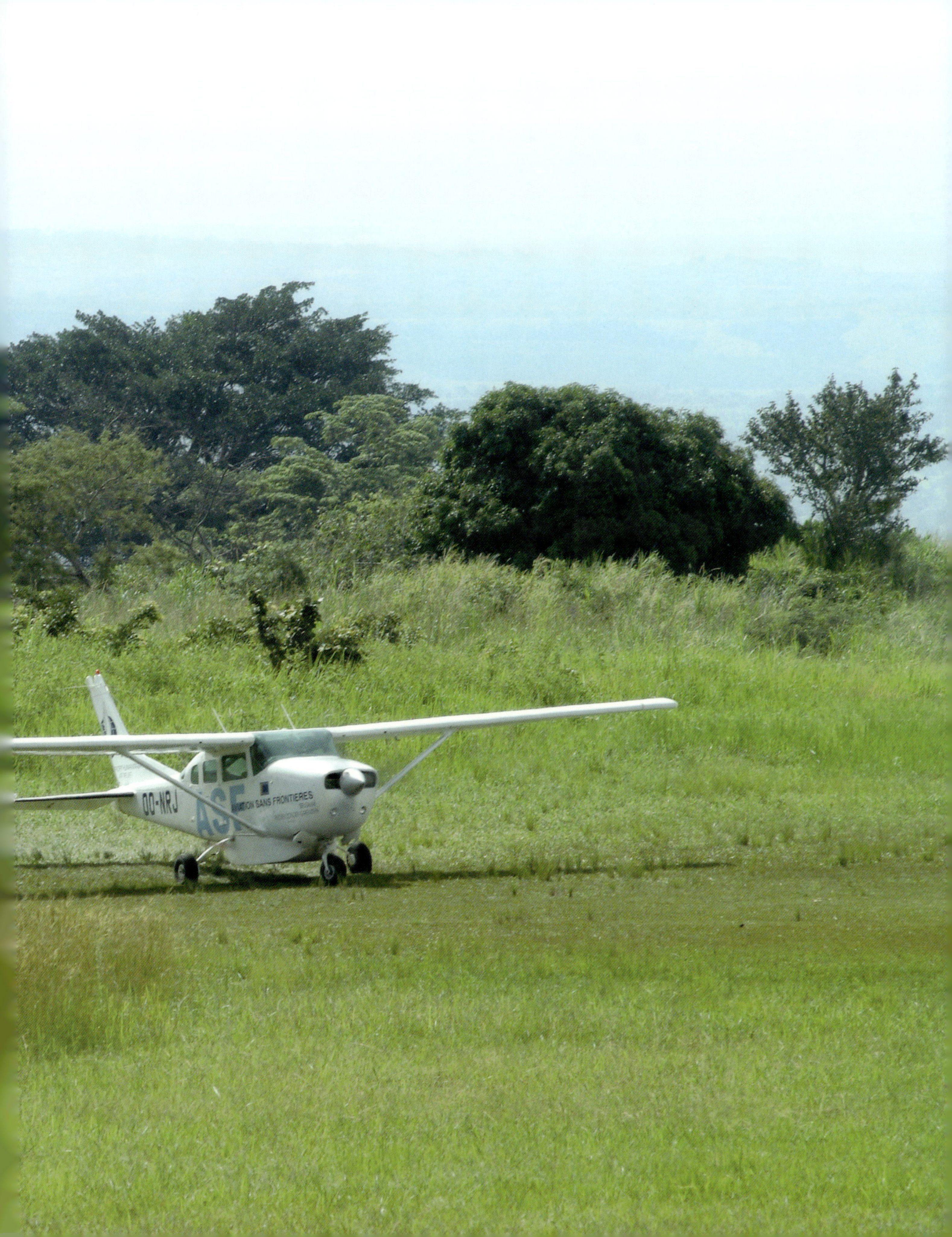
OO-NRJ
ASF
SANS FRONTIERES

Balisage de piste au Mali.

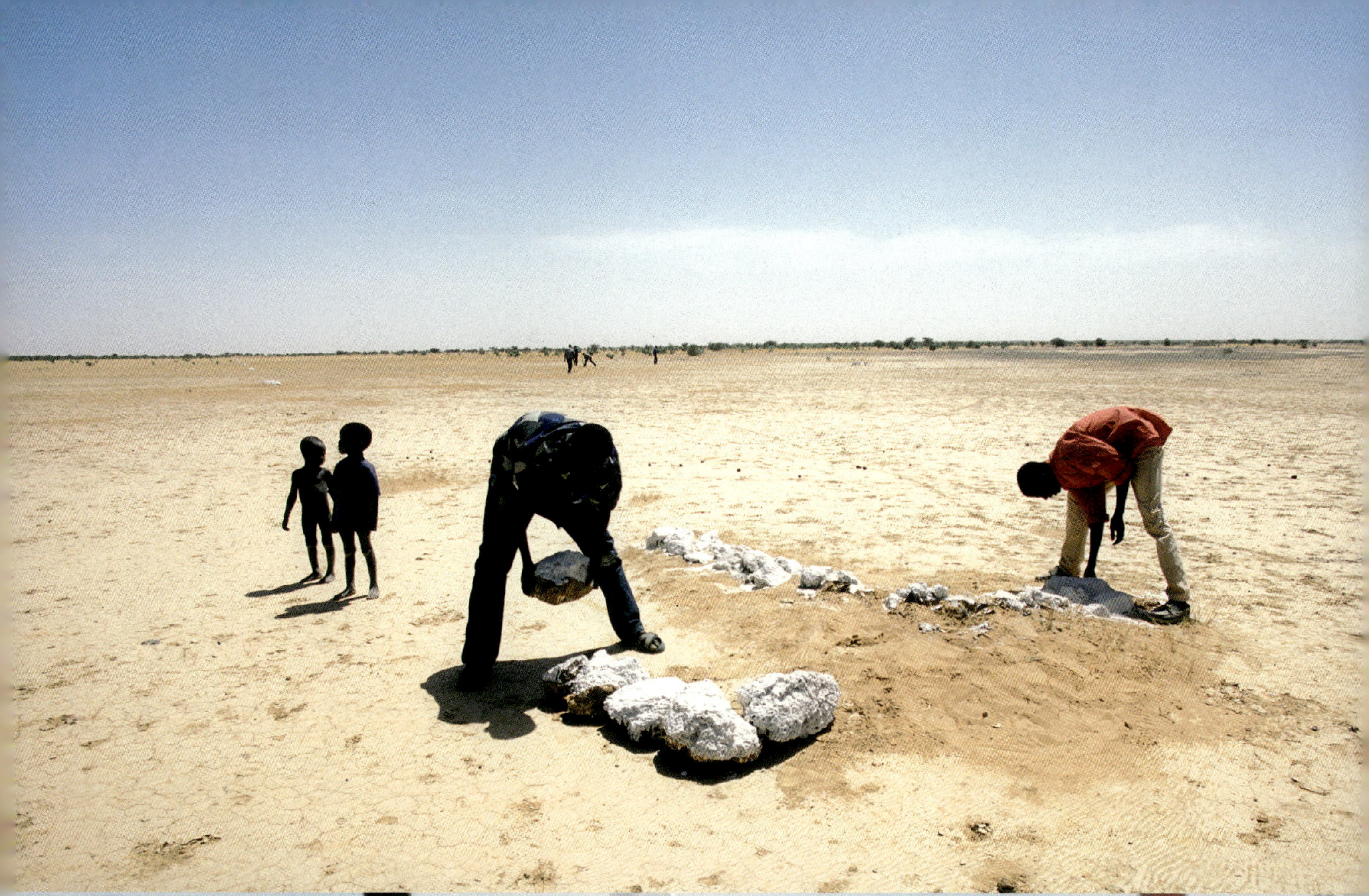

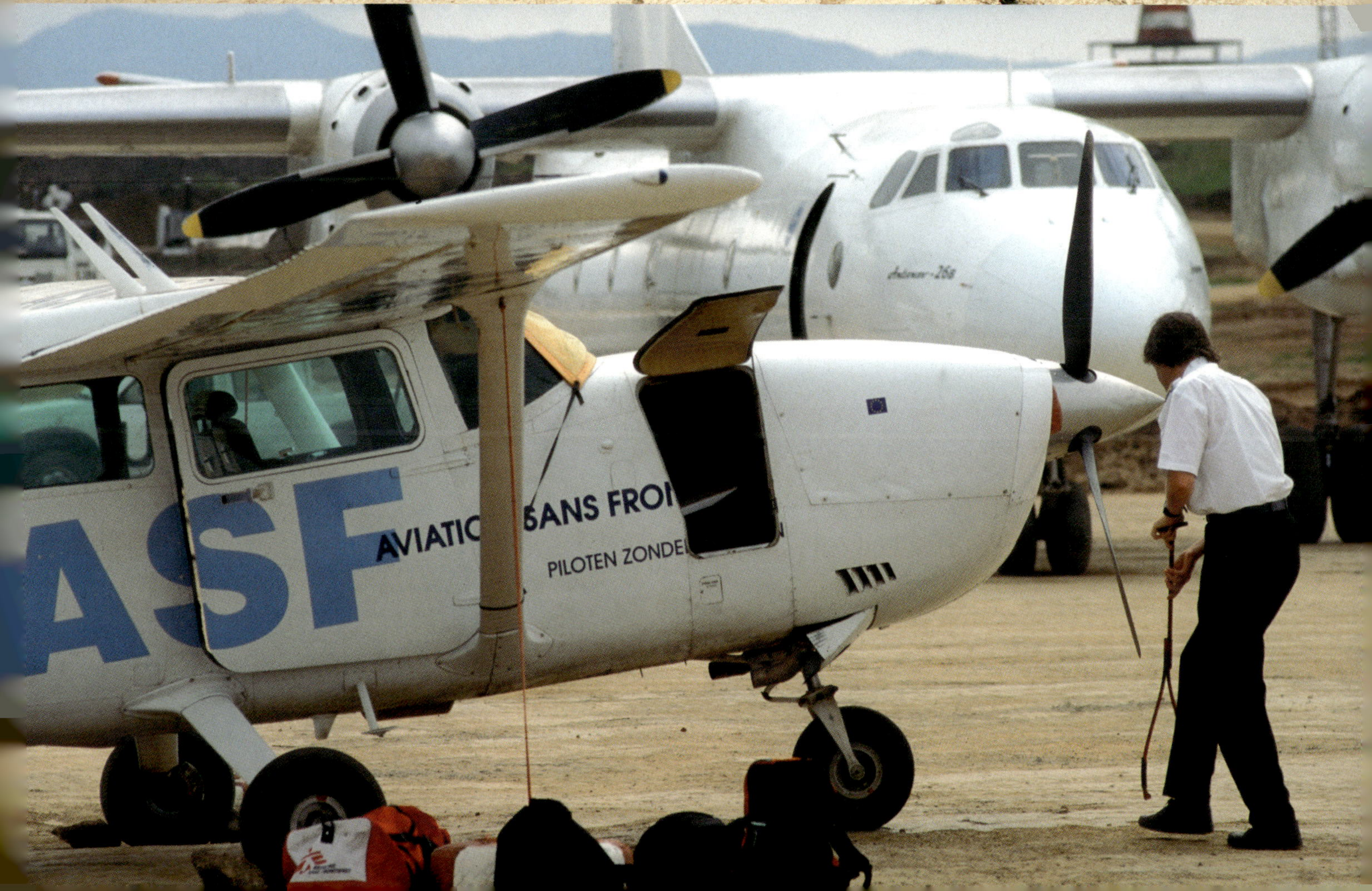
ASF
AVIATIO SANS FRON
PILOTEN ZONDE

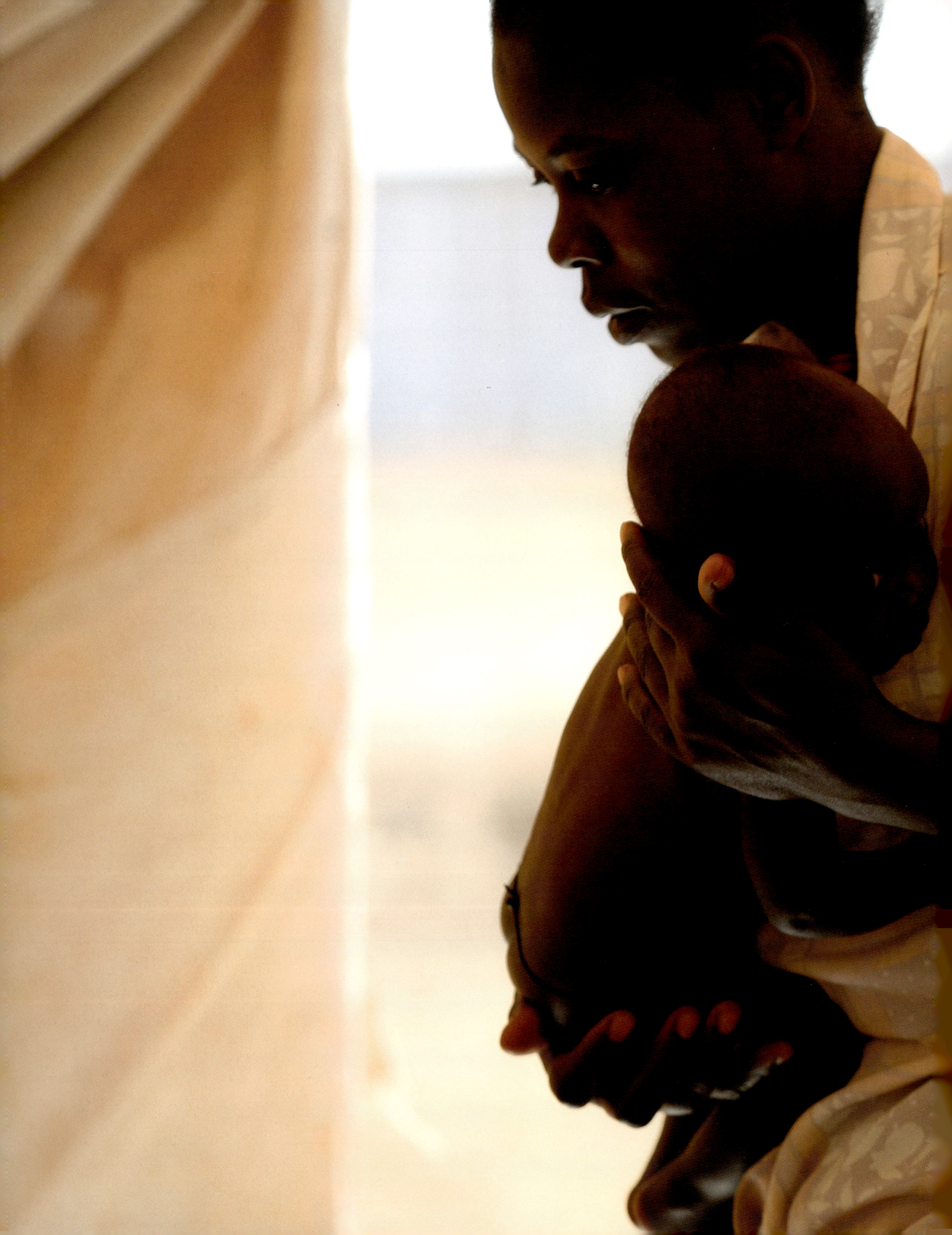

DES PASSAGERS CÉLÈBRES

104 & 105 / CHAPITRE 8

LA BOUGIE DE MÈRE TERESA

CHAPITRE 8

LA BOUGIE DE MÈRE TERESA / 106 & 107

Les pilotes d'ASF n'aiment pas mettre en valeur tel ou tel passager. Tous ceux qu'ils transportent ont, à leurs yeux, la même importance. Qu'ils soient les victimes des conflits ou des catastrophes naturelles, des travailleurs humanitaires, des journalistes ou des intellectuels. Toutefois, certains voyageurs ont une telle notoriété ou un tel charisme que leur passage à bord des avions blanc et bleu a marqué ceux qui les ont emmenés.

« Mère Teresa faisait tous les six mois le tour des hôpitaux soutenus par les sœurs de la Congrégation des Missionnaires de la Charité qui s'occupaient des plus démunis parmi les plus démunis, dans l'Éthiopie en guerre, affectée par une famine sans précédent. Elles venaient au chevet des mourants », se souvient Paul Lardinois. « Et je l'ai transportée plusieurs fois au départ d'Addis-Abeba. Pour prendre l'avion, elle se présentait tout simplement au guichet de l'aéroport et donnait sa destination. On lui trouvait rapidement une place. Lors des vols durant lesquels j'ai eu l'honneur de l'avoir comme passagère, dès que l'avion avait décollé, elle dormait la plupart du temps. Un soir, au retour d'une visite, le ciel était à l'orage. Elle s'est réveillée en sursaut et m'a dit :
– "Paul, voulez-vous que j'allume une bougie ?"
Je lui ai répondu crânement que ce n'était pas nécessaire puisqu'elle était avec moi. »

Sœur Leonella, elle aussi, était une habituée des vols d'ASF Belgique. Cette religieuse des Missionnaires de la Consolata se déplaçait régulièrement de Nairobi à Mogadiscio où elle restait environ six mois par an. Elle n'avait jamais cessé de prodiguer les cours qu'elle donnait aux infirmiers de l'hôpital pédiatrique de la capitale somalienne (Mogadiscio), pas même durant les phases les plus violentes des conflits.

Le 17 septembre 2006, deux truands isolés, qui connaissaient bien les habitudes de la missionnaire, l'assassinent lorsqu'elle traverse la route qui sépare le village SOS Kinderdorf de l'hôpital. La fusillade l'atteint à sept endroits. Sœur Leonella est encore en vie lorsqu'elle est emmenée au bloc opératoire, où elle s'éteint après avoir pardonné à ses agresseurs. Fruits de son travail, trente jeunes infirmiers et infirmières venaient d'achever leur premier cycle de quatre ans reconnu par l'Organisation Mondiale de la Santé.

Tout au long de leurs nombreuses missions, les pilotes d'ASF Belgique ont rencontré des gens hors normes, dont de nombreux religieux, tel que Brother Césaré Bullo, coordinateur des Salésiens en Éthiopie et animateur, dès 1984, de la campagne de collecte des fonds en faveur de l'Éthiopie. « Il était installé à Mék'élé (Tigré), il avait une force de travail extraordinaire et une grande intelligence logistique. C'est notamment grâce à son appui que nous avons pu monter, au plus fort de la crise humanitaire, les opérations avec le Pilatus », explique Paul Renkin.

Sœur Madeleine, une religieuse belge, dirigeait un hôpital de Caritas sur la petite zone très disputée – par les forces éthiopiennes et érythréennes – de Tsorona-Zalambessa alors « désenclavée » par ASF Belgique. « Elle était la modestie même », se souvient Léon Didden. « Ophtalmologue, elle soignait dans son hôpital le trachome cécitant (maladie oculaire due à la bactérie Chlamydia trachomatis qui, si elle n'est pas traitée, peut provoquer une cécité irréversible). Au paroxysme des combats, elle parvenait à rendre la vue à des aveugles. Elle n'a jamais beaucoup communiqué sur son action tant elle était absorbée par un travail de titan. » Les pilotes l'ont retrouvée en 2008 dans son couvent de Ciney où elle veille sur la santé de ses sœurs. « Nous avons été lui rendre visite : l'émotion nous a tous étreints lors de ces retrouvailles. »

Des rencontres, les pilotes d'ASF Belgique en ont aussi faites dans le désert. Erik Orsenna de l'Académie française, par exemple. Il était au Mali en repérage pour son roman *Madame Bâ* (Éditions Fayard/Stock, 2003) qui deviendra un best-seller. « J'étais avec l'Ambassadeur de France et un photographe, Bernard Matussière. Nous cherchions à rejoindre Kidal, ville située à l'est du pays, au départ de Tombouctou », raconte Orsenna. « Le seul avion qui couvrait cette zone aussi grande que la France était celui d'ASF Belgique. Je me souviens d'un vol prodigieux dans le Cessna de Madame le Commandant Anita de Villegas, au-dessus du désert avec des vents de sable. Le photographe avait un peu peur. Moi pas ! Nous sommes arrivés dans ce monument désolé et ancien bagne qu'est Kidal. »

Dans *Madame Bâ* (Fayard/Stock pp. 465 et 466), Anita est devenue Marie-Pierre : « Le pilote belge (quatre galons) d'Aviation sans Frontières était la copie conforme du puisatier, même rondeur, même jovialité généreuse (...) Un vent de sable s'était levé. Une brume jaunâtre cernait l'avion de plus en plus près. La Marie-Pierre aux quatre galons ne semblait pas rassurée.
– Pardon, mais cette fois, vous me semblez voler vraiment bas.
– Dans ce coaltar, vous avez une autre méthode pour atterrir ? Mon Dieu, Marie, Joseph ! Le puisatier dormait (...) Il ne se réveilla que l'acrobatie terminée, le Cessna miraculé roulant dans une opacité totale sur une surface qui devait être une piste ou qui en tenait lieu. »

Sœur Leonella à l'hôpital SOS Kinderdorf de Mogadiscio (Somalie).

Sœur Leonella à l'hôpital SOS Kinderdorf de Mogadiscio (Somalie).

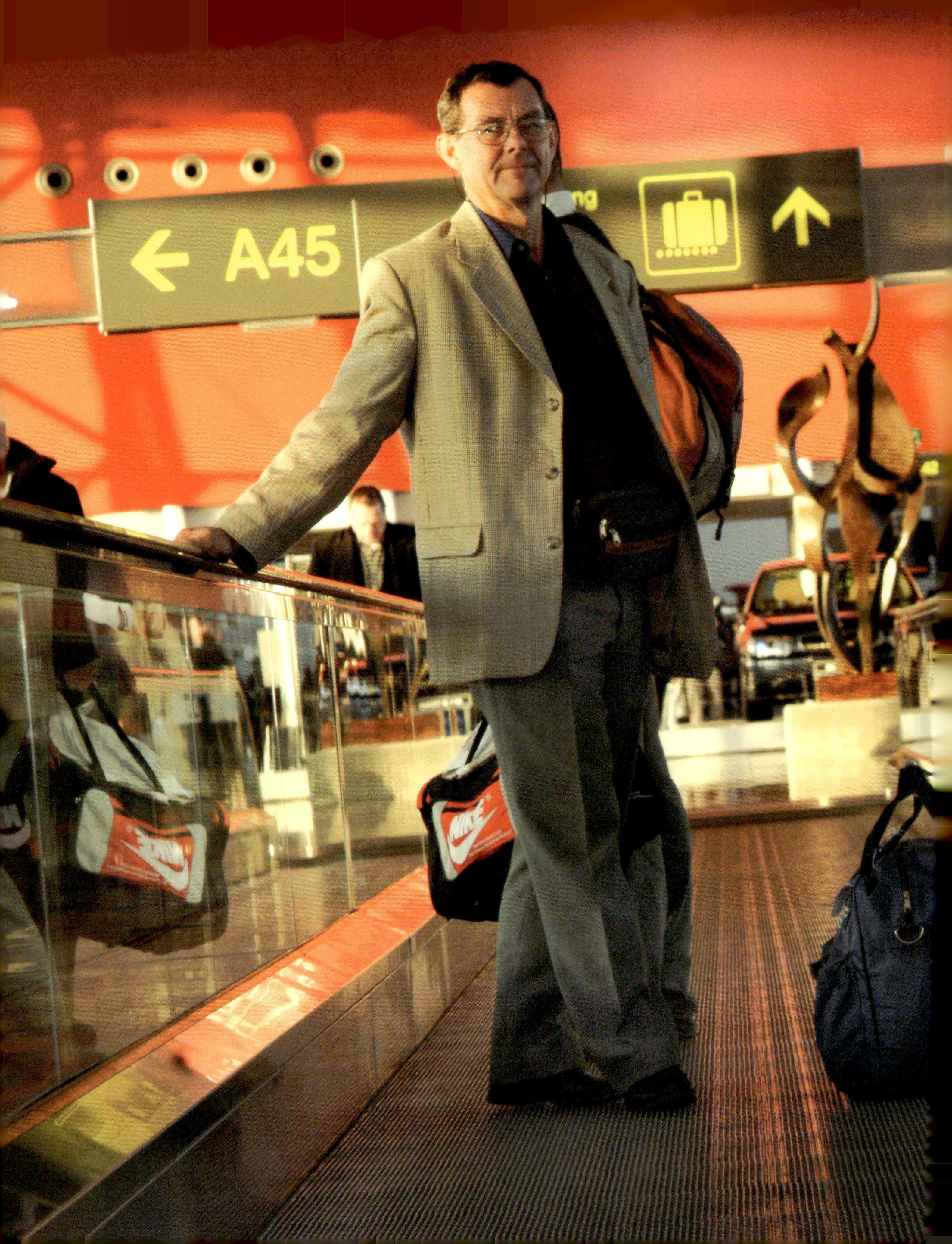
A45
NIKE

CONVOYAGE D'ENFANTS MALADES

110 & 111 / CHAPITRE 9

MONIQUE DORY, NICOLE RUYSSEN ET « LEURS » COURAGEUX BÉNÉVOLES

MONIQUE DORY, NICOLE RUYSSEN ET « LEURS » COURAGEUX BÉNÉVOLES

CHAPITRE 9

Monique Dory a trente ans d'expérience comme pharmacienne hospitalière. Un jour, elle estime qu'elle a envie de se rendre « plus utile » et change de voie. Elle s'engage à MSF Supply, une centrale d'approvisionnement humanitaire, en qualité de pharmacienne. C'est un contrat à temps partiel et il lui reste du temps libre. « J'avais déjà eu un contact avec Xavier Flament. Une société pharmaceutique avait des palettes de médicaments qu'elle destinait à des programmes humanitaires. Il avait déjà tenté de me convaincre de rejoindre ASF Belgique pour coordonner l'action des bénévoles. J'avais laissé sa carte sur un coin de mon bureau. Deux ans plus tard, je l'ai rappelé. »

C'est l'engrenage. Trois jours plus tard, elle est invitée à une réunion d'information sur une des activités d'ASF Belgique qui consiste à accompagner des enfants, originaires de pays en développement, qui doivent subir des interventions chirurgicales de pointe (cardiaque, ophtalmique, orthopédique ou autres) en Europe. Elle assiste à la réunion mais se cache derrière une colonne. « J'observais l'assemblée. Je n'osais pas faire le pas. » Xavier ne lâche pas l'oiseau rare avec autant de facilité. Il lui propose d'accompagner en République démocratique du Congo des enfants en urgence médicale. « Il s'agissait d'accompagner quatre enfants, de quelques mois à dix-sept ans, qui avaient été soignés pour des pathologies lourdes à Paris et qui rentraient, soignés, chez eux. » Cette expérience la motive et elle décide de s'investir en tant que bénévole et de renforcer la dimension humaine de cette activité d'ASF Belgique. « Nous avions une heure à Kinshasa pour rendre les enfants à leurs parents et remonter dans l'avion pour Bruxelles. C'était la même précipitation quand nous allions chercher les enfants malades. Pour les parents et les enfants, la séparation était déchirante. Pour les accompagnants, c'était une grande frustration, comme l'impression d'un travail un peu inachevé. Si je voulais m'occuper de cela, il fallait réécrire le mode d'emploi pour trouver le moyen d'établir une meilleure relation, dans l'apaisement ! »

Elle s'y attelle et consolide le service initié, en novembre 1999, par Christiane Ciociola et « Cric » Pottier. Monique Dory met en place son réseau à Kinshasa, à Kigali, à Conakry et à Dakar, où *Brussels Airlines*, partenaire fidèle d'ASF Belgique depuis ses débuts, dispose d'escales. « Le si frustrant *touch and go* est encore la règle dans les pays classés au niveau de sécurité « quatre ou plus » par le ministère belge des Affaires étrangères. Ailleurs, les bénévoles arrivent sur place, sont hébergés et véhiculés par des personnes du « réseau ». Ils prennent le temps de rencontrer les familles, d'expliquer aux parents le déroulement du séjour de leurs enfants en Europe et bien sûr de gagner la confiance des enfants. On envoie, dans la mesure du possible, les mêmes bénévoles pour les trajets aller et retour. »

L'équipe coordonnée par Monique Dory et Nicole Ruyssen, qui a rejoint l'association en 2007, compte aujourd'hui une centaine de bénévoles, hommes et femmes. « Nous effectuons quelques dizaines de missions chaque année. Le cockpit est systématiquement prévenu par Sonia, notre contact au sein de *Brussels Airlines*, notre partenaire sans lequel cette activité n'aurait jamais vu le jour, et son personnel de bord est toujours très attentionné avec les enfants. Je dois le dire aujourd'hui : j'aime *Brussels Airlines*. » Les bénévoles sont également ravis. « C'est fatigant, physiquement et moralement, mais inoubliable. Le bonheur d'aider un enfant à retrouver la vue ou tout simplement le sourire n'a pas de prix. »

Cette activité d'accompagnement d'enfants en urgence médicale ne demande qu'à s'étendre. Les ONG partenaires, basées dans les pays bénéficiaires, travaillent avec des associations d'accueil qui ont leur siège dans plusieurs pays européens comme « Voir la Vie » ou « La Chaîne de l'Espoir » dont la section belge est très proche de professeurs de la clinique universitaire UCL Saint-Luc de Bruxelles. Si d'autres centres hospitaliers sont intéressés, ASF Belgique leur réservera le meilleur accueil.

Les volontaires d'ASF Belgique accompagnent des enfants souffrant de problèmes cardiaques ou oculaires.

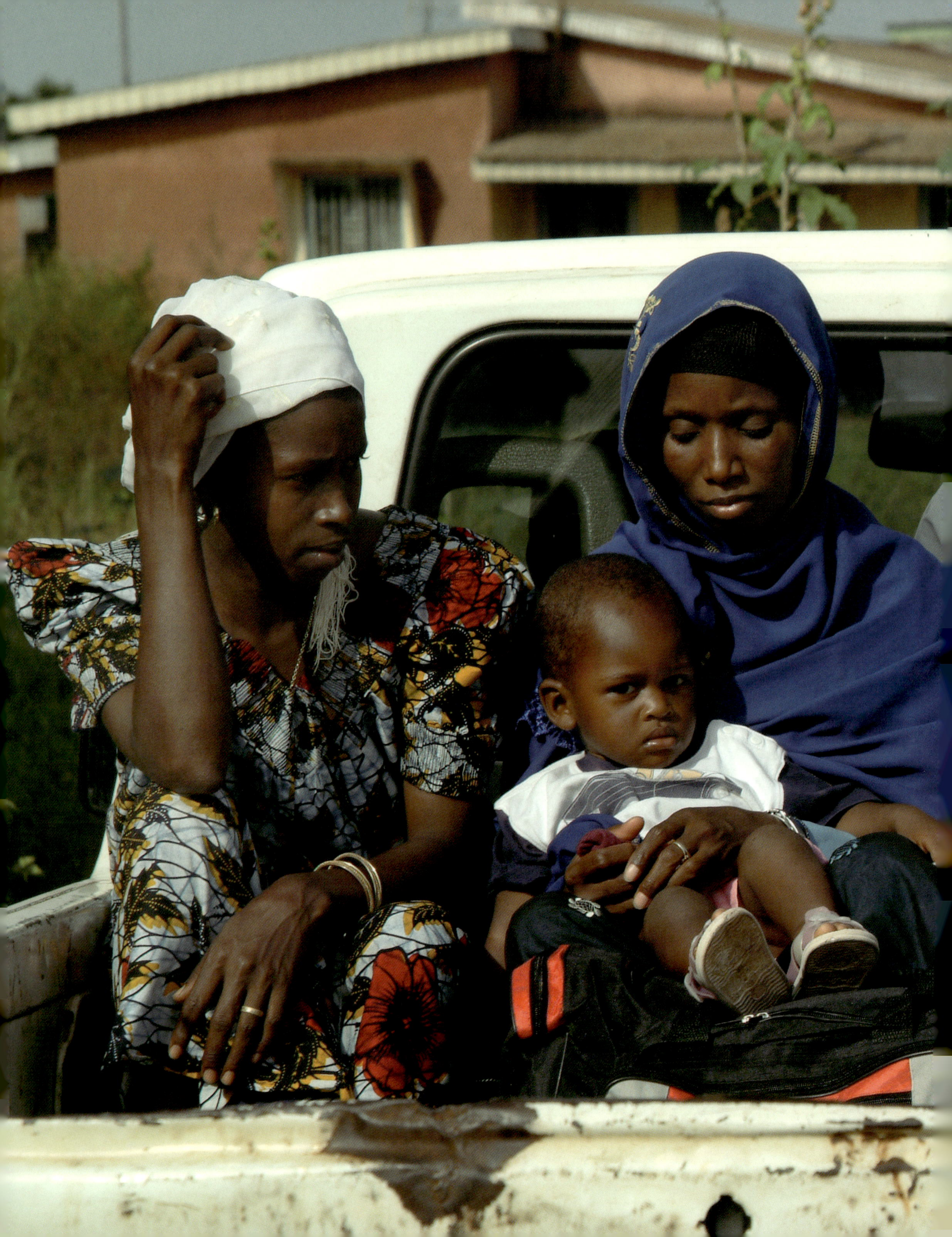

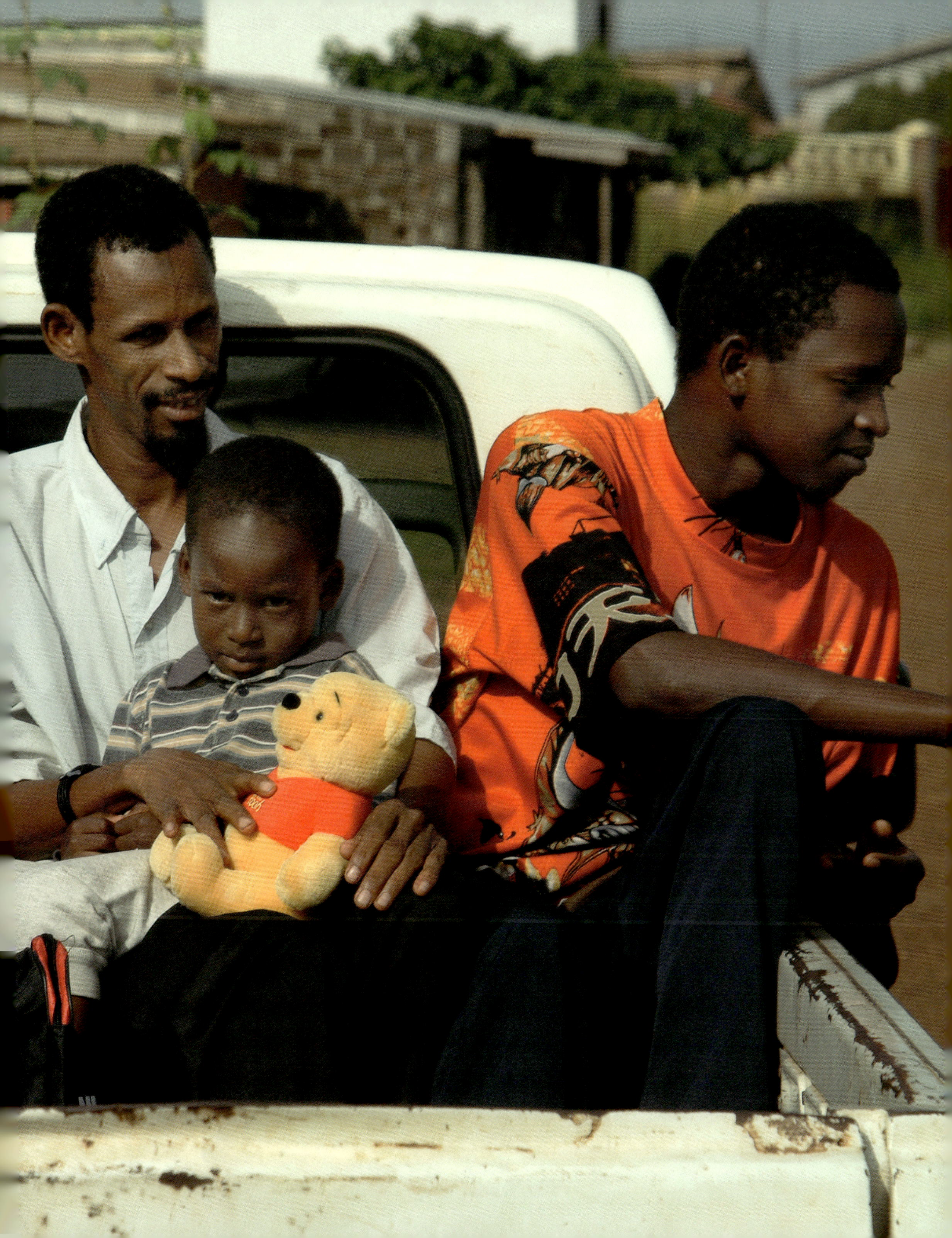

En Guinée, ASF Belgique collabore avec l'ONG Voir la Vie.

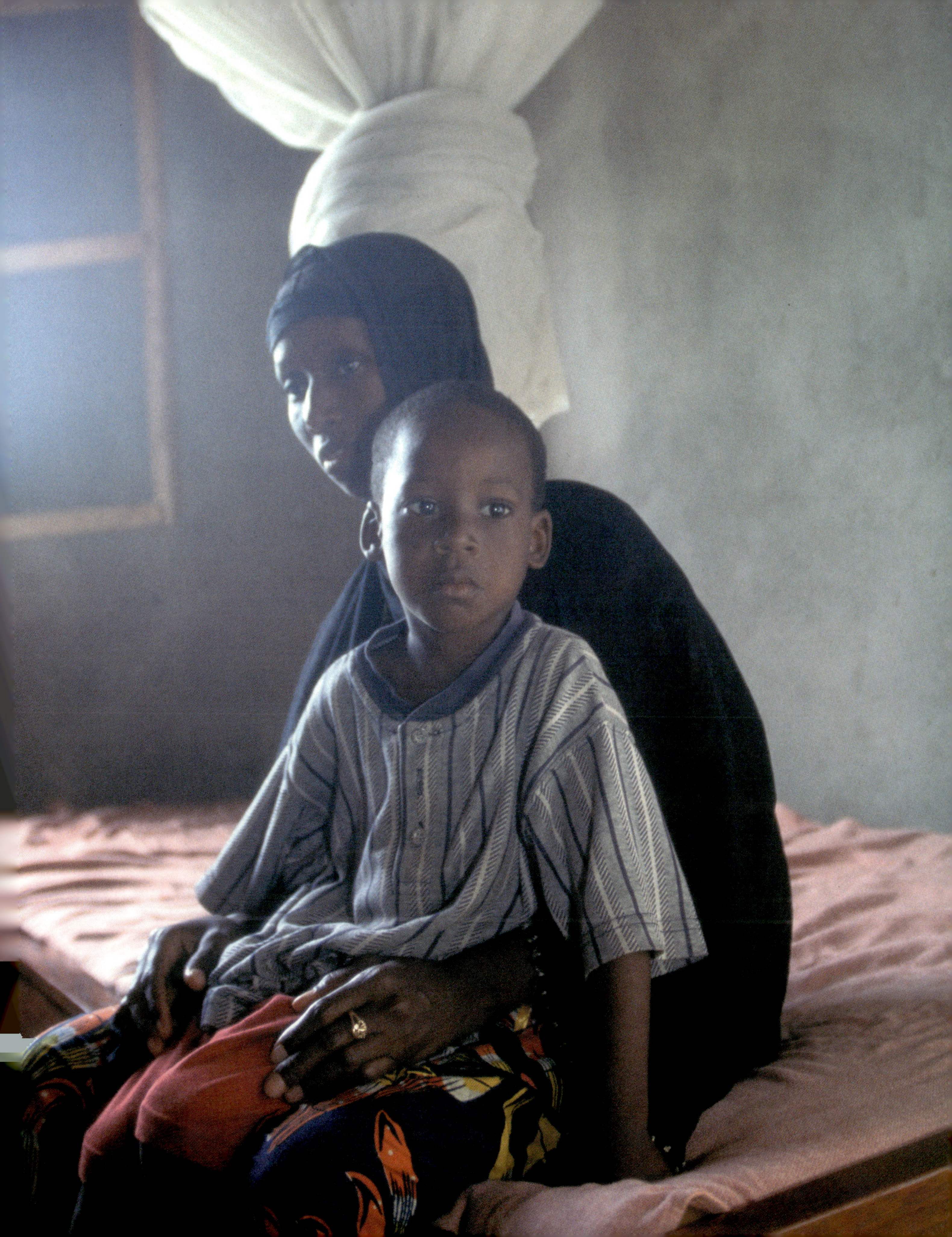

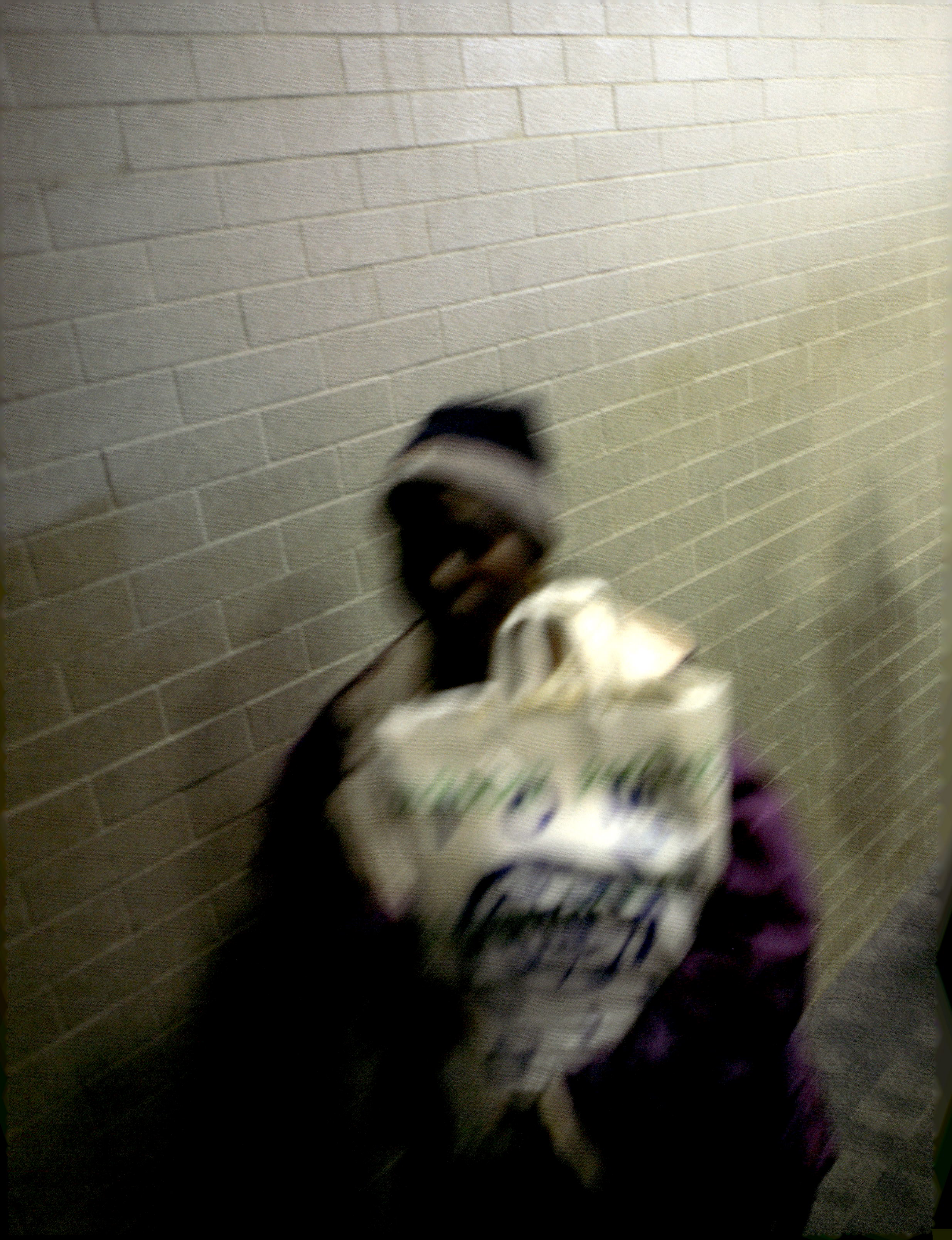

118 & 119 / CHAPITRE .10

ESCORTE DE MIGRANTS

« FROM NOWHERE TO THE USA »

« FROM NOWHERE TO THE USA » / 120 & 121 / CHAPITRE 10

Depuis 2004, ASF Belgique appuie l'Organisation Internationale pour les Migrations (OIM) dans le transfert, sur une base volontaire, de personnes issues de pays d'Afrique ou d'Asie vers les États-Unis d'Amérique dans le cadre du programme d'accueil de migrants *US Refugee Program* (USRP). L'OIM est une organisation intergouvernementale constituée de cent neuf États membres et d'ONG « observatrices ». Elle a notamment pour mandat la protection des migrants.

Grâce à l'OIM, des réfugiés et des déplacés en difficulté, qui ont parfois vécu plusieurs années dans des camps, migrent chaque année, à l'échelon planétaire, vers des pays d'accueil dans le but d'y trouver une vie porteuse d'espoir. Le rôle d'ASF Belgique consiste à escorter ces groupes, composés d'adultes et d'enfants, jusqu'à un aéroport du pays d'accueil où ils sont repris en charge par l'OIM.

« Ce sont des groupes de maximum trente-cinq personnes, composés d'enfants, d'adultes, de bébés, de seniors, parfois de personnes malades ou en chaise roulante », explique Christine Blanpain, l'indispensable responsable logistique de l'association. « Elles arrivent à bord d'un vol *Brussels Airlines* à six heures du matin à Bruxelles, restent dans la zone de transit de l'aéroport et repartent par *Delta* ou *Continental Airlines* vers New York, Atlanta ou Chicago dans la matinée. »

C'est dans la zone de transit de l'aéroport de Zaventem que les bénévoles d'ASF Belgique les prennent en charge. « Ils sont immédiatement reconnaissables : ils sont habillés de gros anoraks orange, de sweat-shirts gris marqués USRP, de pantalons de training bleu électrique et de sandales de gym. L'OIM nous envoie une liste avec les coordonnées des migrants et leur âge. Les bénévoles peuvent ainsi prévoir, par exemple, des jouets pour les enfants. »

Dès que l'embarquement est ouvert, le groupe s'engouffre dans l'avion. La compagnie aérienne qui les transporte a souvent réservé toutes les places arrière. Pour les bénévoles, un pour dix réfugiés, débute alors une expérience extraordinaire. « Lors de ma première mission, j'ai essayé de leur faire enlever leur anorak : mission impossible. Certains l'ont gardé durant tout le vol : dans l'avion climatisé, ils tremblent en permanence de froid. C'est au moment des repas que l'affaire se corse : ils n'ont jamais vu de plateau-repas de leur vie. Il faut alors les accompagner afin qu'ils ne prennent pas le ketchup pour de la panade pour bébé. Ils jouent beaucoup avec les casques et les programmes télé. Il faut aussi les accompagner aux toilettes. Pour eux, c'est quelque chose d'exceptionnel. Et il faut se méfier des escalators dans les aéroports : imaginez ce que peut représenter pour eux un escalier qui bouge ! »

Les bénévoles d'ASF Belgique sont là pour atténuer l'angoisse des migrants. À la souffrance du déracinement s'ajoute la peur de l'inconnu. Mais les récompenses morales sont nombreuses. « Je reste en contact *e-mail* avec de nombreuses personnes que nous avons accompagnées. Je peux alors suivre leur évolution aux États-Unis. Au port d'arrivée (une ville de l'Est des États-Unis), des responsables de l'OIM prennent les migrants en charge. Nous nous saluons, nous échangeons quelques sourires et parfois quelques larmes, nous nous souhaitons mutuellement bonne chance. Les missions sont brèves et fatigantes mais combien enrichissantes », explique Monique Dory qui chapeaute, avec Nicole Ruyssen, les missions d'escorte de migrants et d'accompagnement d'enfants en urgence médicale.

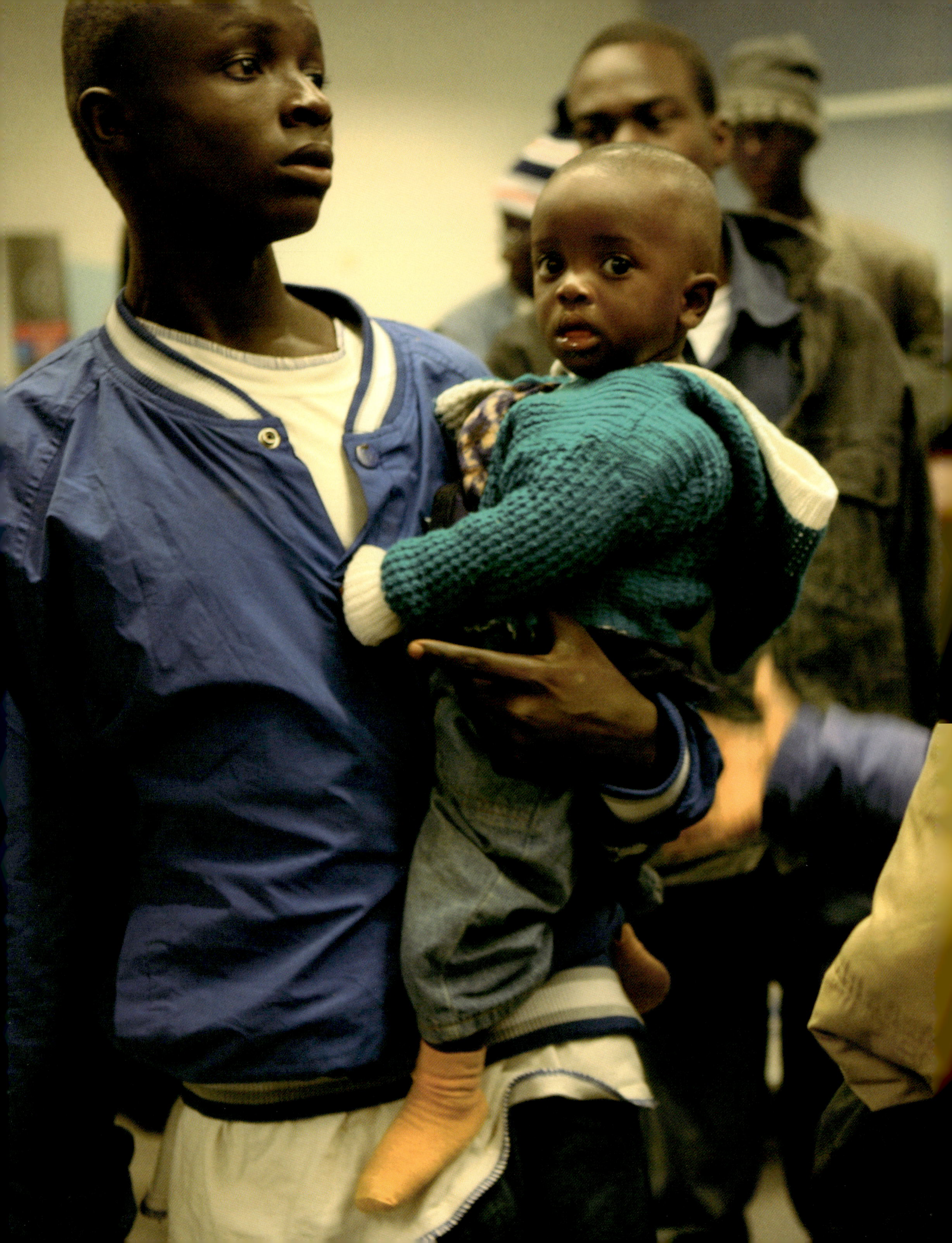

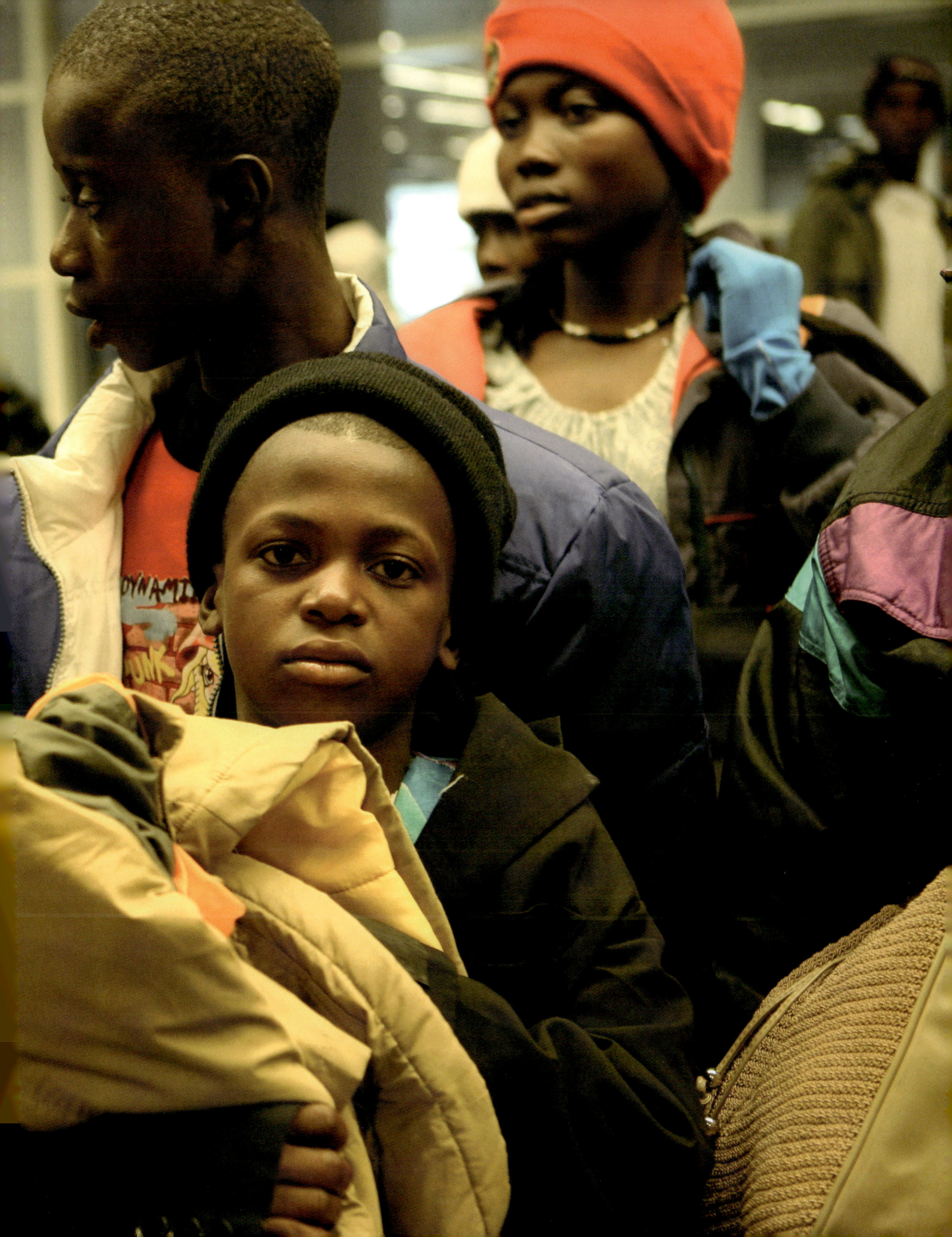

Les groupes de migrants, escortés par les volontaires d'ASF Belgique.

Gérer l'attente en zone de transit.

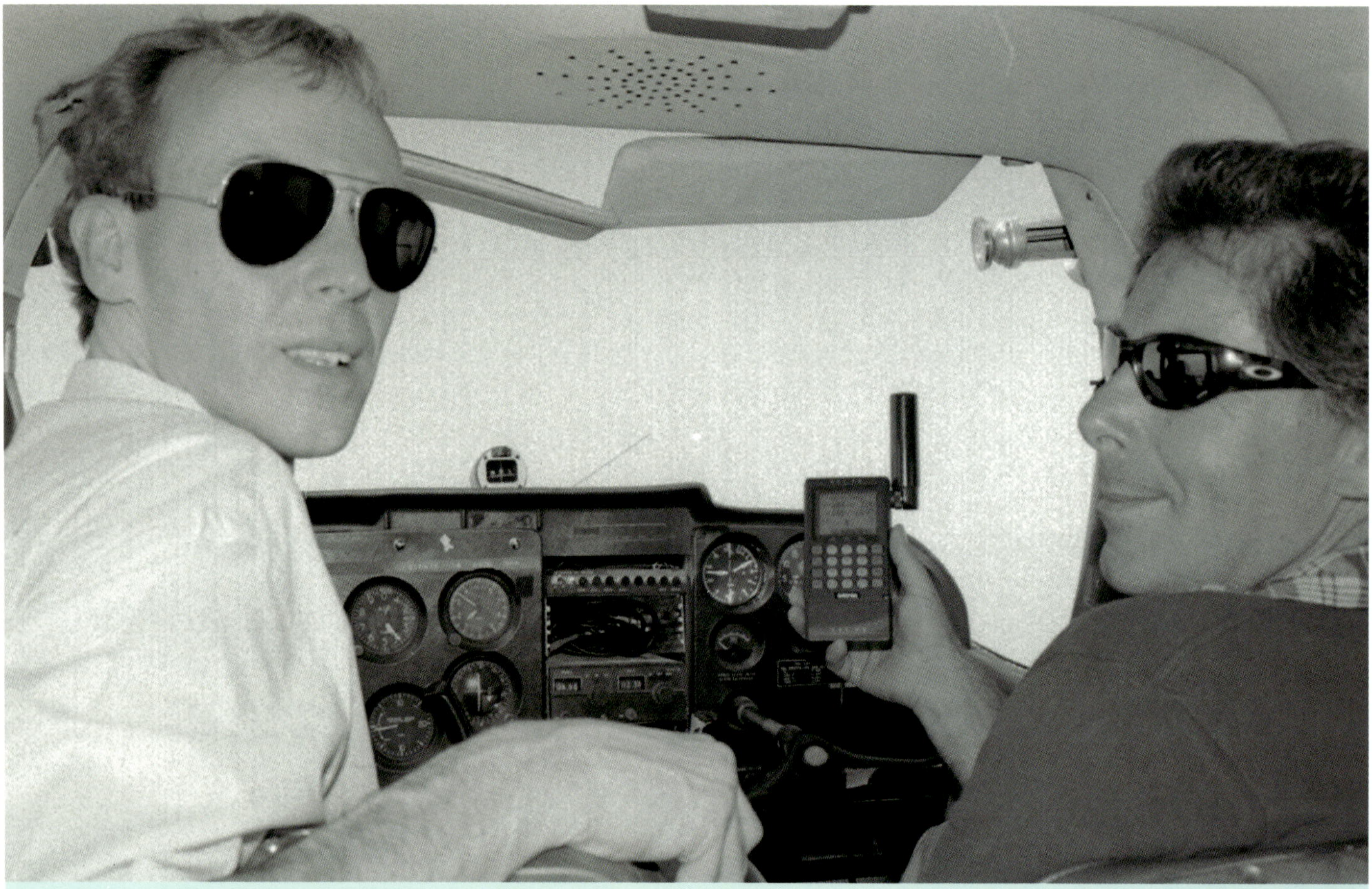

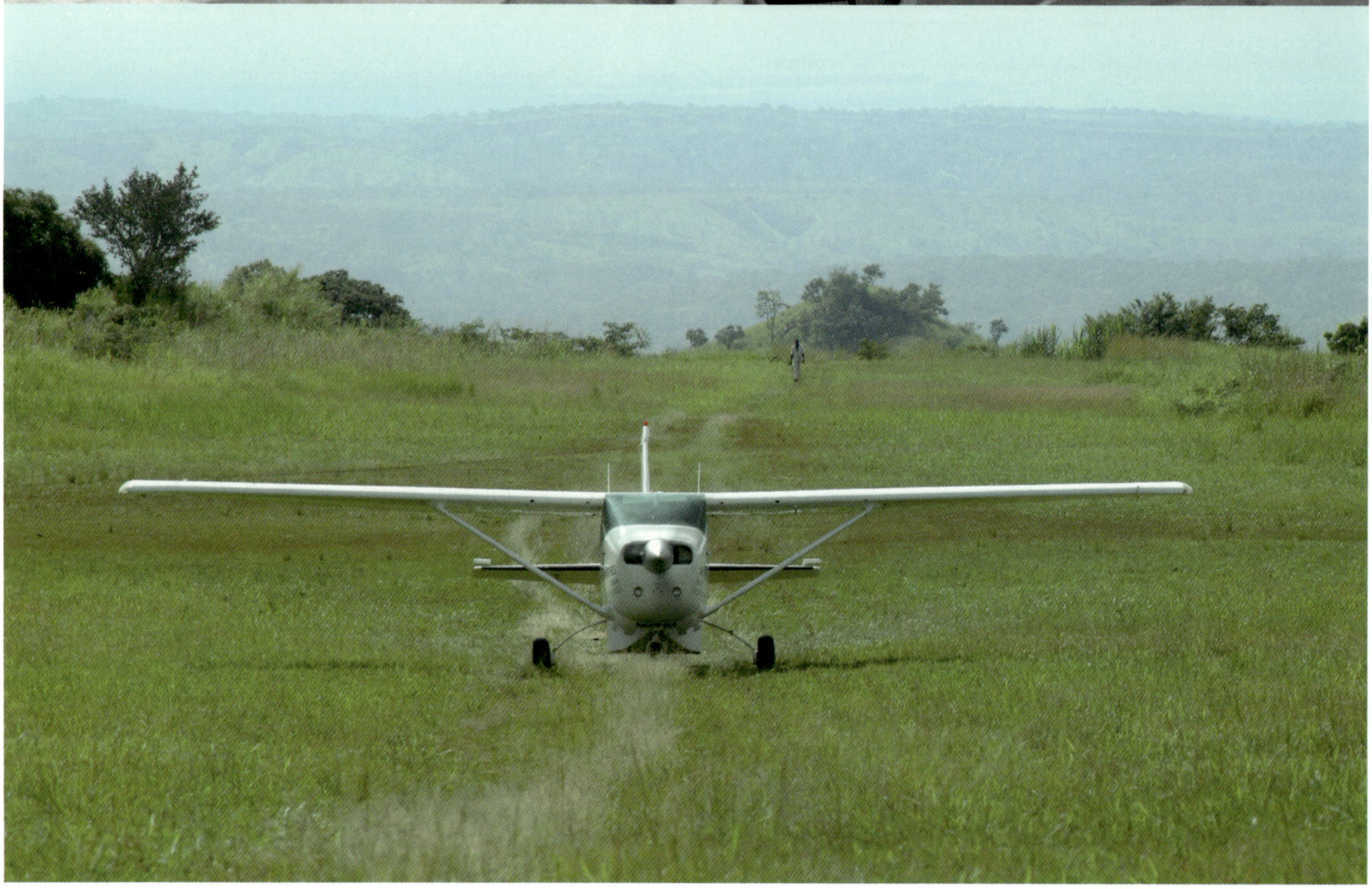

POSTFACE

POURQUOI CE LIVRE ?

De nombreuses organisations non gouvernementales (ONG) s'expriment en toute indépendance pour dénoncer ce qu'elles pensent être humainement inacceptable. Trop fréquemment, leurs protestations ne sont pas entendues.

Leur rôle de témoin dérange, en particulier dans les zones de conflits où, à part elles, personne ne s'aventure :

Elles sont le témoin de la volatilisation des structures étatiques en raison des radicalisations ethniques et religieuses et de l'incapacité des autorités à stopper les violences;

Elles sont le témoin de la prédation des richesses naturelles par des firmes douteuses dont on peut s'interroger sur leur lien avec des gouvernements, des services de renseignement ou différents lobbies politiques, économiques ou religieux;

Elles sont le témoin d'un système commercial discriminatoire empêchant les agriculteurs locaux de bénéficier des débouchés offerts par nos marchés alors que les subventions dont bénéficient nos producteurs agricoles – exportateurs vers les pays les plus pauvres ! – maintiennent des niveaux record;

Elles sont le témoin de tous les crimes qui contribuent largement au sous-développement économique et social, réduisant à la pauvreté et confinant dans la misère des centaines de millions d'hommes, de femmes et d'enfants;

Elles sont le témoin de mouvements de populations, entraînant chaque année des milliers de migrants et de réfugiés sur les routes et sur les mers pour des voyages périlleux quand ils ne sont pas protégés.

Le rôle d'Aviation sans Frontières n'est certes pas de s'attaquer aux causes, mais bien aux conséquences de ces tragédies.

Si, pour réaffirmer ses principes de neutralité et d'impartialité, Aviation sans Frontières doit analyser les environnements dans lesquels s'inscrivent les crises, elle a pris le parti de se consacrer exclusivement aux conséquences.

Sa démarche, fondée sur l'entraide internationale et le secours aux populations, s'efforce au nom de la dignité humaine de soulager ceux qui souffrent, d'aider les victimes, de tendre une main secourable, de donner de l'espoir à chacun.

Vous avez pu, à travers ce livre, partager le regard et le statut particulier d'Aviation sans Frontières Belgique, ONG d'aviation. Face à la triste réalité des conflits, ses pilotes et ses avions décollent pour sauver des vies ou voir renaître l'espoir dans les yeux d'une maman.

Avec mon énergie orientée vers la conviction que la responsabilité d'Aviation sans Frontières Belgique est à la mesure du nombre de sympathisants qui comme vous auront apprécié le contenu et les photos, je vous invite à partager notre engagement pour tous ces hommes, femmes et enfants dont l'espoir est dans le souffle de nos hélices.

Bruxelles, décembre 2008
PHILIPPE DEHENNIN, Pilote-président

PAGE 128 / COLOPHON

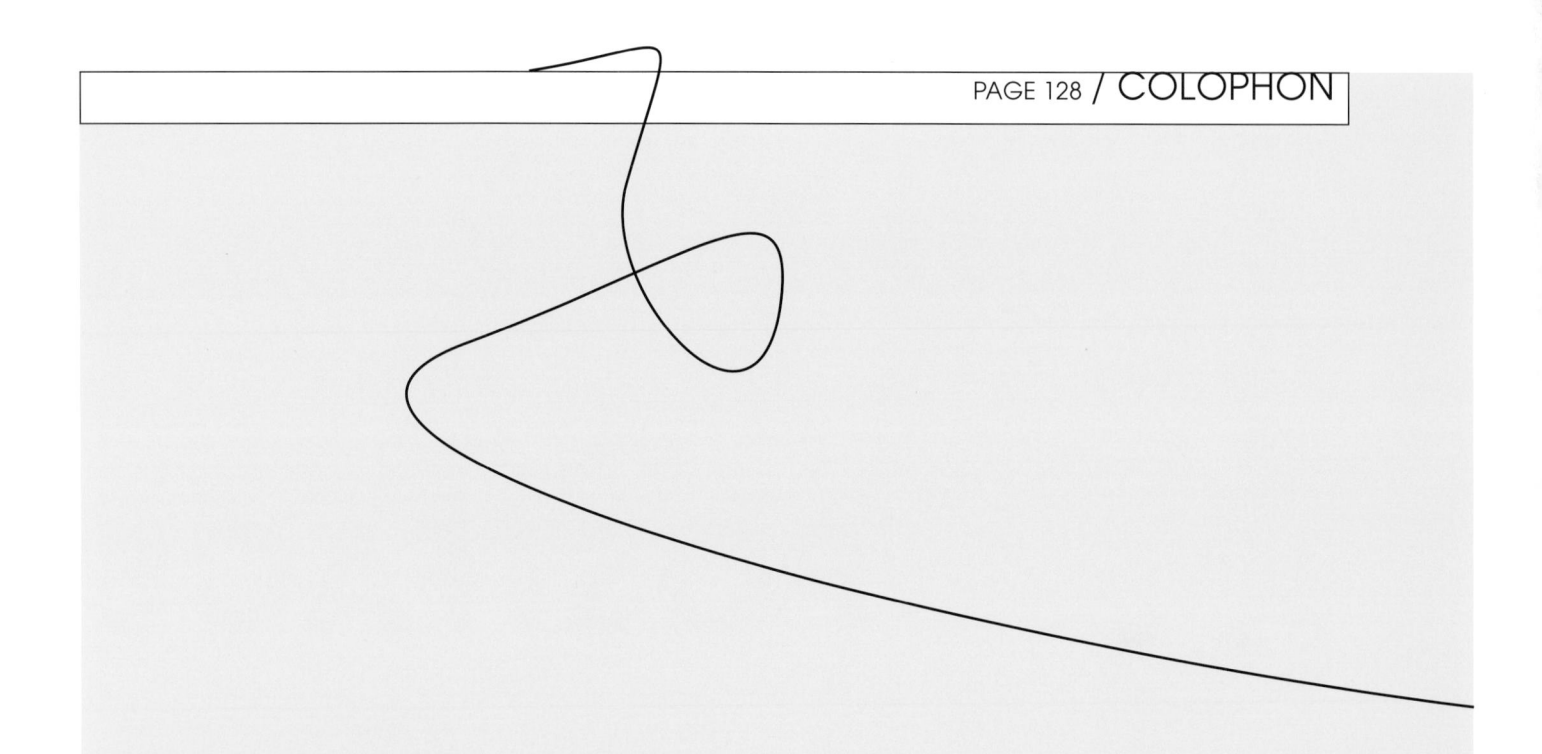

LES AILES DE L'ESPOIR
AVIATION SANS FRONTIÈRES BELGIQUE
TEXTE Louis Maraite
PHOTOS Christophe Smets
À l'exception de certaines images :
© Léon Didden : p. 37, p. 38 (photos n°2, 4, 5),
p. 39 (photos n°2, 3, 4), p. 57 (photo n°3), p. 58-59,
p. 95 (photo n°1).
© ASF Belgique : p. 27, p. 38 (photo n°1),
p. 39 (photos n°1, 5), p. 46-49 (photos n°1, 2),
p. 57 (photos n°1, 2), p. 95, p. 108.
Les photos sont numérotées de gauche à droite,
puis de haut en bas.

© 2008 Tournesol Conseils sa
Editions Luc Pire
Directeur général Luc Pire
quai aux Pierres de Taille 37/39
1000 Bruxelles
editions@lucpire.be
www.lucpire.eu

MAQUETTE ET MISE EN PAGES Dominique Hambÿe

IMPRIMERIE GE-mediaprint / Eupen (Belgique)

ISBN : 978-2-87415-907-7
Dépôt légal : D/2008/6840/30

ASF BELGIQUE
rue Montoyer 1
1000 Bruxelles
www.asfbelgium.org

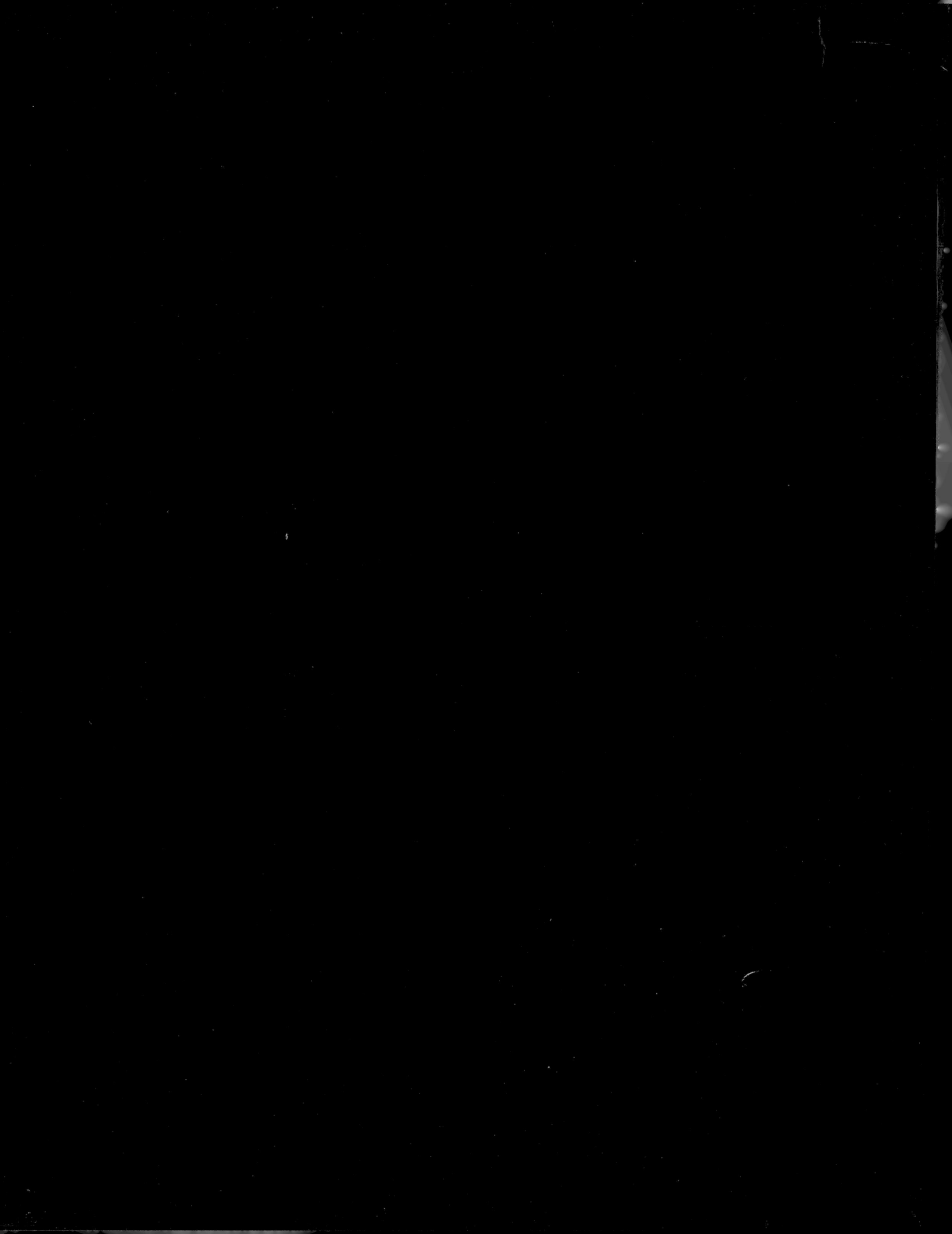